Penck & Visser

schilderijen, tekeningen, beelden en keramiek uit de collectie Visser /
paintings, drawings, sculptures, and ceramics from the Visser collection

Voorwoord
Wim Crouwel

De drie 'partijen' in deze tentoonstelling A.R. Penck, Martin, Geert-Jan en Adri Visser en
Museum Boymans-van Beuningen, hebben over en weer speciale banden. De Vissers hebben
in het contact een cruciale rol vervuld. Toen Martin Visser van 1978-1983 in ons museum
werkzaam was als hoofdconservator, wist hij zijn enthousiasme voor A.R. Penck (Ralf
Winkler, Dresden 1939) met verve over te brengen, hetgeen resulteerde in de aankoop van
vijf schilderijen en in de indrukwekkende tentoonstelling 'A.R.Penck Concept Conceptruimte',
1979. Penck, toen nog woonachtig in de voormalige DDR ontwierp voor de grote bovenzaal
in de nieuwe vleugel zes kabinetten die aan de buitenkant leeg bleven als verwijzing naar
zijn eigen gedwongen afwezigheid. Binnen de witte ruimtes werd de toeschouwer de wereld
van Penck ingevoerd met zijn zo typerende beeldtaal.
Het contact tussen de Vissers en Penck gaat verder terug. Sinds het begin van de 70er jaren
fungeerden als pleitbezorgers van de Duitse schilderkunst met name Johannes Gachnang in
het Goethe Institut te Amsterdam, Michael Werner en Helen van der Meij respectievelijk in
hun Keulse en Amsterdamse galerieën. Ongeveer als enigen in Nederland kochten de
Vissers heel gericht en consequent werk van Penck, eerst met enige aarzeling, maar al gauw
met een bevlogenheid die toegewijde verzamelaars eigen is.

Vooral de tekeningen, rijk vertegenwoordigd in de verzameling van de Vissers, laten de
veelzijdigheid van de kunstenaar zien, die zich eveneens uit in het gebruik en toepassing van
schilderkunst, sculptuur, keramiek en grafiek.

Wij stellen het bijzonder op prijs opnieuw te kunnen putten uit de verzameling van de
Vissers, die daarom beslist niet als particuliere collectie te benoemen is. Eerder mochten we
al een serie fotowerken van Sigmar Polke samen met tekeningen van Andy Warhol
presenteren en onlangs nog gaf Geert Jan Visser drie werken van Francis Picabia in
bruikleen, een geste die we ernorm waarderen.
Ook andere musea, zoals het Rijksmuseum Kröller-Müller, het Groninger Museum en het
Stedelijk Van Abbemuseum hebben hun verzameling kunnen verrijken met talloze werken uit
deze zeer bijzondere verzameling.
Wij danken Martin, Geert-Jan en Adri Visser zeer voor hun enthousiaste betrokkenheid bij
de hedendaagse kunst en hun inzet voor deze tentoonstelling.

Foreword
Wim Crouwel

The three 'parties' involved in this exhibition — A.R. Penck, Martin, Geert-Jan and Adri Visser, and the Boymans-van Beuningen Museum — have quite special relationships with one another. The Vissers have played a vital role in the contact we have together. Martin Visser, head curator at our museum from 1978 to 1983, was a keen admirer of A.R. Penck. His enthusiasm led to the acquisition of five paintings, and an impressive exhibition entitled "A.R. Penck Concept Conceptual Space", which was held in 1979. Penck, who was still living in the German Democratic Republic at the time, designed six cabinets for the large exhibition area in the new wing. Their blank exteriors were a metaphor for his exile, while the white spaces inside drew the observer into the world of Penck and its highly distinctive imagery. But the Vissers' links with Penck go back even further in time. In the early 1970s, Johannes Gachnang of the Goethe Institute in Amsterdam, Michael Werner's gallery in Cologne and Helen van der Meij's in Amsterdam were bastions of German painting. The Vissers were among the very few collectors in the Netherlands to acquire Penck's work. They bought selectively and consistently, and the diffidence they showed at first soon gave way to the inspired enthusiasm of dedicated collectors.

The drawings in particular, which are well represented in the Vissers' collection, display the same versatility that distinguishes the artist's paintings, sculptures, ceramics and graphic work.

We are extremely grateful to be able to draw on the Visser collection once again. In this sense it is not an exclusively private one. We once exhibited a series of photoworks by Sigmar Polke, together with drawings by Andy Warhol, while only a short time ago Geert-Jan Visser kindly lent us three works by Francis Picabia.
Other museums, too, including the Kröller-Müller Museum, the Groninger Museum and the Van Abbemuseum, have enhanced their collections with numerous works from this extraordinary collection.
We wish to thank Martin, Geert-Jan and Adri Visser for their enthusiastic commitment to contemporary art and for their generous contribution to this exhibition.

Penck in woord en beeld
Willem Jan Renders

In de catalogus bij de tentoonstelling van A.R. Penck in Museum Boymans-van Beuningen beschreef samensteller Johannes Gachnang hoe hij in het midden van de jaren zestig voor het eerst hoorde over deze kunstenaar die toen nog in Dresden in de toenmalige DDR woonde. De kunstenaars Baselitz en Schönebeck, ook afkomstig uit Dresden, maar aan het einde van de jaren vijftig al naar West-Berlijn gekomen, vertelden hem vaak over Penck. Gachnang herinnert zich over deze gesprekken: 'Maar Helemaal Geheel en al totaal 'geschift', dat was de teneur van hetgeen ze over hem zeiden'. Niet alleen Penck en zijn kunstwerken werden als 'krankzinnig' omschreven, maar ook zijn manifesten en andere teksten.[1]

In de veronderstelling dat Penck in zijn geschriften uitspraken doet over zijn beeldend werk, zocht men in zijn 'krankzinnige' teksten naar thema's van en verklaringen voor zijn schilderijen en tekeningen. Penck daarentegen wijst een rangorde in zijn activiteiten af en kent aan zijn geschriften, muziek en beeldende werk eenzelfde waarde toe. Tekenen en schilderen is niet zijn 'vak' en schrijven en muziek maken niet zijn 'hobby'. Slechts zeer gedeeltelijk vinden we in Penck's geschriften verklaringen met betrekking tot zijn beeldend werk. We doen er beter aan de bij kunstenaars veronderstelde suprematie van het beeld over het woord los te laten en Penck's geschriften als een aparte, gelijkwaardige tak van zijn werk te zien.[2]

Vergelijken we woord en beeld van Penck als twee gelijkwaardige uitingen dan blijkt een aantal karakteristieke aspecten van de teksten van Penck wonderwel van toepassing op zijn beeldend werk. Allereerst zijn er overeenkomsten in de manier van werken. Veel teksten zijn bijvoorbeeld langs associatieve weg tot stand gekomen. Ze bestaan uit woordketens — nevenschikkingen waarin het ene woord het andere oproept — en opsommingen — onderschikkingen waarin een aantal woorden als species wordt opgesomd onder een genus.[3] Een soortgelijke opbouw zien we in het beeldend werk van Penck. Veel abstracte vormen lijken langs beeldend-associatieve weg tot stand te komen en op die manier reeksen te vormen (vgl. cat. nrs. 2, 3, 4). Figuratieve onderschikkende ordeningen vinden we vooral in de *Weltbilder*, gemaakt in de periode 1963-1965.[4]

Voorts toont Penck zich in zijn teksten wars van een logische opbouw. Retoriek is bij hem ver te zoeken. Soms geeft hij er letterlijk de brui aan en noteert: BLABLABLABLABLA. Hij schrijft in een ruk door en als hij klaar is, is de tekst ook meteen af. Er is geen correctie of selectie achteraf. Veel teksten zijn, voorzichtig gezegd, wat verward. Penck's verbale erupties zijn allesbehalve logisch geordende betogen die netjes en overzichtelijk in- en uitgeleid worden. Ze vereisen een bepaalde niet-discursieve manier van lezen. Alleen als we in staat zijn om 'losjes te lezen' komt het suggestieve en evocerende in de teksten naar voren. In die losse opbouw en het effect ervan, zijn Penck's teksten wederom goed te vergelijken met zijn beeldend werk, vooral met zijn tekeningen. Hij tekent zoals hij schrijft, zonder zich te bekommeren om compositie en esthetiek. De ene vorm volgt op de andere. Soms geeft hij er ook in zijn tekeningen de brui aan. We zien dan bijvoorbeeld woest weggekraste figuren (cat. nrs. 26, 27, 28).
Ook in zijn beeldend werk zoekt Penck niet achteraf het beste uit, zoals veel kunstenaars, maar hij bewaart letterlijk alles. Een boek met tekeningen van de kunstenaar wordt zo, evenals een boek met tekst, een turbulent proces dat je stap voor stap kunt volgen. De primaire artistieke impuls staat steeds voorop in dat proces. Het is dus de keuze van Penck om het beeld in het stadium van verwarring en complexiteit te laten. Het gaat bij hem uitdrukkelijk niet om de afwerking en het vakmanschap.

Meer dan de retoriek dat is voor de tekst, is de stijl, de manier van afbeelden, voor Penck van belang in zijn beeldend werk. Penck wijst meermalen in zijn teksten op de platgetreden paden die de officiële DDR-kunst in stilistisch opzicht bewandelt. Je hoeft maar een paar van deze van staatswege goedgekeurde kunstproducten te hebben gezien om je te realiseren dat een manier van schilderen als die van Penck in de DDR als regelrecht aanstootgevend en subversief moet zijn ervaren. Dat Penck dat zelf ook zo bedoelde en stijl als een politieke daad zag, kunnen we nalezen in een bewonderend citaat over de stijl van zijn Westduitse collega Jörg Immendorff[5].

Penck in beeld

Het meest in het oog springende element in het werk van Penck is wel de gestileerde manfiguur. Zijn 'Weltbilder', daterend uit de eerste helft van de jaren zestig, staan er vol mee. De keuze voor een dergelijke sterk vereenvoudigde figuur brengt noodzakelijk met zich mee dat de kunstenaar afziet van andere visuele aspecten die in de traditionele artistieke weergave van de mens juist benadrukt worden. Vergelijking van het manfiguurtje uit de serie 'Feld' (cat. nr. 1) met een willekeurige modelstudie maakt duidelijk welke aspecten dat zijn. Penck geeft bijvoorbeeld 'picturale variabelen' als kleur, lichtval, kleding, haardracht en de vorm van het gezicht en het lichaam niet weer. Ook doet hij geen moeite om de contouren van het lichaam zelfs maar in gestileerde vorm aan te geven, zoals bijvoorbeeld de Amerikaanse kunstenaar Keith Haring dat deed. Penck bouwt zijn mannetjes op uit hoekige lijnen. Dat er een man bedoeld wordt, wordt bij vrijwel iedere figuur duidelijk uit één lijntje. Vanwege hun hoekigheid worden deze figuren wel 'Streichholzmännchen', 'lucifermannetjes' genoemd. Penck's manfiguur is dus bijna tot het uiterste gestileerd en doet in zijn eenvoud wat primitief aan. De associatie met mensfiguren op rotstekeningen ligt voor de hand en is al regelmatig gemaakt.[6]

Er zijn, ondanks zijn 'naaktheid tot op het bot', tòch nog 'variabelen' aan deze getekende of geschilderde figuur te onderscheiden. Het geschematiseerde mannetje van Penck kan een bescheiden aantal houdingen aannemen, frontaal of in profiel. Het kan dingen vasthouden, handelingen verrichten zoals hakken met een bijl, vechten of handen schudden. Zijn proporties kunnen moeiteloos gevarieerd worden: een arm kan veel langer gemaakt worden dan de andere en benen kunnen de lengte van stelten krijgen. Tot slot, en als grote nuancering in deze vergaande figuratieve simplificatie, kan Penck's figuur gebaren maken. Op sommige *Weltbilder* zien we hem waarschuwend zijn vinger opheffen, andere tonen hem met het zwaard omhoog en het schild in de hand ten teken van aanval. Afwisseling in houding, proportie en gebaar levert zo een verbazingwekkende scala van betekenissen op.

Hoewel in het algemeen de verschillende handelingen en gebaren van het lucifermannetje in de schilderijen en tekeningen van Penck niet exact te koppelen zijn aan de chronologische volgorde van ontstaan van de werken, is er toch één type dat vanaf 1966 meer dan de andere figuren voorkomt in zijn werk. Het is het reeds genoemde figuurtje uit de serie *Feld* (cat. nr. 1). Het lijkt er op dat het mannetje van Penck na al zijn escapades in de *Weltbilder* rust vindt in deze houding, wijdbeens, met de voeten naarbuiten, de handen ter hoogte van de schouders met de vingers gespreid. De half opgeheven handen doen denken aan het zgn. 'orante-gebaar', een gebaar dat duidt op gebed. Christus wordt op deze manier vaak afgebeeld op vroege mozaïeken.[7] Een paar notities op schetsen, omstreeks 1966 gemaakt, van mannetjes met hun handen omhoog, laten zien dat Penck er soortgelijke, maar iets ruimere bedoelingen mee heeft. Hij noteert onder andere: 'Das Problem der Gebärde. Zur Frage Handgott. Die IchergebemichGebärde. Erkennungszeichen Gleichgesinnter'. Deze notities zijn de enige die er in de schetsboeken van Penck over de betekenis van gebaren te vinden zijn.[8] Dat feit, samen met het feit dat het figuurtje in deze houding en met dit gebaar met grote regelmaat terugkeert, soms vele malen op een blad herhaald, duidt op het grote belang ervan voor de kunstenaar.

Hoe belangrijk de vereenvoudigde manfiguur ook is in het œuvre van Penck, het is niet de enige menselijke figuur die erin voorkomt. Bekijken we na de lucifermannetjes een schilderij als *Ränitzgasse 19* (cat. nr. 18), dan krijgen de daarop afgebeelde vrouwen door het contrast zo mogelijk nog meer vlees en bloed. Alle 'picturale variabelen' die het mannetje stelselmatig moest ontberen lijken voor de vrouwen die Penck schildert juist vereist. Ze zijn kleurig geschilderd in een herkenbare ruimte. Ze hebben een veel grotere variatie in houding en handeling en bovendien individuele kenmerken. In een inkttekening plaatst Penck een vrouwfiguur tegen een achtergrond van stippen (cat. nr. 20). Een vroege tekening uit de serie *Feld* (cat. nr. 5), doet qua compositie enigszins aan Picasso of Munch denken, een andere uit dezelfde serie (cat. nr. 7) herinnert aan Willem de Kooning.

Penck is een kunstenaar die zowel figuratief als abstract werkt. Abstracte figuren steken in zijn tekeningen vaak af tegen de achtergrond (cat. nr. 8), maar het kunnen ook heel eenvoudige lijntekeningen zijn (cat. nr. 9). Het duidelijkst is Penck over de vormen in zijn tekeningen als hij zich richt tot kinderen: 'Nu wil ik je iets vertellen over schilderen en tekenen. Probeer eerst alles uit wat je met een potlood of een stuk krijt kunt maken: lijnen, punten, kruisen, pijlen en krullen; het doet er niet toe hoe je deze dingen noemt. Je moet wel goed onthouden hoe al deze dingen er uit zien en je er dan in oefenen ze voor te stellen. Als je dit doet, dan merk je dat zich bij elk teken bij jou een gevoel of een gewaarwording voordoet; niet alleen wanneer je aan het tekenen bent, maar ook, als je het je voorstelt'.[9] Penck beperkte zich uiteindelijk ook niet tot een beeldend medium, maar maakte naast tekeningen en schilderijen ook sculpturen in verschillende materialen (cat. nrs. 29, 30, 32, 33, 34, 35, 40).

Penck in de collectie Visser

De houding van een verzamelaar ten opzichte van beeldende kunst is een wezenlijk andere dan die van een kunsthistoricus. Een bezoek aan Martin Visser[10], degene die van de drie verzamelaars Visser het meest naar voren treedt, maakt duidelijk waarom. Het lijkt een atelierbezoek. Het 'atelier' is echter beduidend schoner dan de meeste en ontworpen door Gerrit Rietveld. Een aanbouw is van de hand van Aldo van Eyck. De kunstwerken die aan de muur hangen, op de grond staan of op de vloer liggen, zijn af en de verf, voorzover daar sprake van is, is droog. Dat zijn de verschillen met een normaal atelierbezoek. Maar ondanks het feit dat er aan al deze kunstwerken niets meer hoeft te gebeuren, is er iets niet af in deze omgeving. Alle werken die te zien zijn hebben even een plaats toebedeeld gekregen om te zien of ze op die manier goed bij elkaar passen. Dat doen ze wonderwel in de ogen van de kunsthistoricus, maar Martin Visser is er nog niet uit. Sterker nog: hij hoopt er nooit uit te komen, uit deze permanent wisselende expositie.

Martin Visser kocht zijn eerste tekeningen van Penck in 1974 in Antwerpen. Sinds die tijd is hij, samen met zijn broer en zuster, werk van deze kunstenaar blijven verzamelen. Tegen de muur staan vier grote tekeningen van Penck uit 1990. In de tussentijd is een deel van de Penck-collectie, na langdurig overleg, overgegaan naar het Rijksmuseum Kröller-Müller. Op zijn beurt kreeg Martin Visser van een bevriend verzamelaar een boek met tekeningen van Penck uit de 'Feld'-serie. Zo zoekt alles in de collectie zijn plaats. Martin Visser voelt zich slechts tijdelijk beheerder.

Een verzamelaar hoeft zijn keuze niet te verantwoorden. Er is geen aankoopcommissie die hem op de vingers tikt. Martin Visser kocht waar hij zin in had en deed het van de hand als hij er genoeg van had. Hij herinnert zich dat de kunstenaar Marcel Broodthaers bij een bezoek rond 1973 goedkeurend over de verzameling opmerkte: 'Heel mooi, nog maar één schilderij'. De schilderkunst leek in die tijd aan haar einde gekomen en het commentaar van bevriende kunstenaars was niet van de lucht toen Martin Visser in 1974 naast de tekeningen van Penck een aantal nieuwe schilderijen kocht. Een van hen omschreef de schildersrevival als 'pure kitsch'. Maar het storende van het schilderen na de sereniteit van Minimal en Conceptual Art trok Martin Visser. Nadat hij diens werk had leren kennen bezocht hij Penck in Dresden. Bij die gelegenheid verwerkte Penck het portret van Martin Visser in een schilderij.[11] Daarna hebben ze elkaar nog vele malen ontmoet.

In tekeningen spreekt hem in het algemeen het voorlopig karakter aan. Een tekening is snel gemaakt en als hij niet goed is, maak je snel een nieuwe. Schilderijen zijn veel definitiever. De procesmatige manier van werken van Penck, dicht bij het idee, lijkt op een verrassende manier dicht bij de conceptuele kunst te staan. Martin Visser heeft geen voorkeur voor een bepaalde soort werken van Penck, als daar al sprake van is. De houding van de kunstenaar, wars van esthetiek, boeit hem, samen met het controversiële karakter van de tekeningen.

Het feit dat Penck niet achteraf selecteert, maar alles bewaart, lijkt de selectie van de verzamelaar te bemoeilijken. Het komt regelmatig voor dat Martin Visser een groep tekeningen van Penck heeft uitgezocht om op te hangen en zich een paar maanden later verbaasd afvraagt hoe hij die toch heeft kunnen kiezen. Dan kiest hij weer andere uit, enzovoort. Waar kijkt hij nou naar bij die aankopen en verdere keuzen, wat zijn de aspecten waarop hij let? Een kunsthistoricus kan meer vragen dan drie verzamelaars kunnen antwoorden, maar toch wordt er een bedachtzaam antwoord gegeven: 'de kracht en concentratie die in het beeld zitten, niet de motorische neiging om ook te gaan schilderen, meer een verlamming, het gevoel dat het klopt met je hele wezen. De betekenis van het kunstwerk doet er niet toe'. Daar sta je dan als kunsthistoricus. Soms is de verzamelaar net zo raadselachtig als de kunstenaar.
Als de tentoonstelling voorbij is, pak je af en toe nog eens de catalogus om te kijken wat er ook alweer te zien was. Maar de verzamelaar maakt met de teruggekeerde werken meteen weer een nieuwe tentoonstelling.

[1] Johannes Gachnang, 'Meine Reisen nach Sachsen', in: *A.R. Penck. Konzept Konzeptraum,* tentoonstellingscatalogus Museum Boymans-van Beuningen, Rotterdam 1979. p. 59. Voor een zeer uitgebreid biografisch overzicht, voorzien van vele anecdotes en citaten uit interviews, zie: Lucius Grisebach (ed.), *A.R. Penck,* München 1988. Hierin wordt ook uitgebreid aandacht besteed aan de verdere pseudoniemen die Penck gebruikte.

[2] Voor een vergelijkbare opvatting zie: Dieter Koepplin, 'Zeichnungen von A.R. Penck', in: *A.R. Penck, Y. Zeichnungen bis 1975,* tentoonstellingscatalogus Kunstmuseum Basel, Basel 1978, p. 8.

[3] Een goed voorbeeld van zulke geschriften van Penck is het gestencilde *Ich-Standart Literatur,* Edition Agentzia, Parijs, z.j. (waarschijnlijk 1971). Hierin vinden we een zeer uitgebreide, alfabetisch geordende associatiewoordenlijst, maar ook opsommingen, bijvoorbeeld de namen van een aantal gifgassen, zenuwgassen en chemische wapens. Er zijn sinds 1967 meer dan twintig van dit soort geschriften van Penck verschenen. Voor een overzicht van een groot gedeelte hiervan zie: Renate Winkler, 'Critical Bibliography', in: Jack Cowart (ed.), *Expressions. New Art from Germany,* München 1983, p. 170.

[4] Van deze 'Weltbilder' is er geen op de huidige tentoonstelling te zien, eenvoudigweg omdat er zich geen van in de collecties Visser bevindt. Een aantal ervan staat afgebeeld in Lucius Grisebach (ed.), *op. cit.*

[5] 'Het verschil tussen Immendorff en de sociaal realisten in de DDR is dat ze bij ons gebruik maken van de oude methoden (uit de Barok, de Renaissance, de Biedermeier) zonder dat ze de vrijheid hebben er wat mee te doen. Immendorff vernietigt de oude vormen. Dat is een essentiëel verschil.' Paul Groot, 'Penck is niet echt dood. De geest van Penck leeft nog', interview in de reeds genoemde catalogus van Museum Boymans-van Beuningen, Rotterdam 1979, p. 65.

[6] Zie hiervoor bijvoorbeeld: Marlis Grüterich, 'Natuurlijke gevoelens voor kunstmatige werelden', in: *Museumjournaal,* 1981, p. 232. 'Penck ... bracht de oertijden en oertekens met hun huidige pendant in verband in een schema van wederzijdse raakvlakken'.

[7] Voor een geschiedenis van de afbeelding van dit gebaar en andere betekenissen ervan, echter niet over het gebaar bij Penck, zie: Heinz Demisch, *Erhobene Hände, Geschichte einer Gebärde in der bildende Kunst,* Stuttgart 1984. Bij Penck is dit de houding van de zgn. 'Standartfigur'. Het begrip 'Standart' komt regelmatig voor in Penck's geschriften.

[8] Bedoelde bladen met balpentekeningen en notities bevinden zich in de collectie van het Kunstmuseum Basel en worden afgebeeld in: Dieter Koepplin, 'Zeichnungen von A.R. Penck', in: *A.R. Penck. Y. Zeichnungen bis 1975,* tentoonstellingscatalogus Kunstmuseum Basel, Basel 1978, p. 12, 13.

[9] Dieter Koepplin, 'A.R. Penck', in: *A.R. Penck,* Eindhoven, 1975, vertaling Joke Valentijn.

[10] De hier volgende gegevens zijn ontleend aan een gesprek met Martin Visser op 11 februari 1991.

[11] Het detail van dit schilderij dat het portret van Visser bevat, wordt afgebeeld bij diens bijdrage aan de reeds genoemde catalogus van Museum Boymans-van Beuningen, Rotterdam 1979.

Johannes Gachnang, guest curator of the A.R. Penck exhibition at the Boymans-van Beuningen Museum, describes in the catalogue his introduction to Penck's work in the mid-1960s. At the time, Penck was still living in Dresden in the German Democratic Republic. The artists Baselitz and Schönebeck, who had left Dresden for West Berlin at the end of the 1950s, often spoke of him. Gachnang recalls these conversations. 'But totally and utterly 'crazy', that's the gist of what they said about him' (Aber Alles in Allem alles 'Verrückte', das hörte ich heraus wenn die Rede von ihnen war). They described not only Penck and his art as 'crazy', but his manifestoes and other writings as well.[1]

His 'crazy' texts were scrutinised in the hope that they would yield clues to shed light on his paintings and drawings. Penck, however, dismisses the idea of any kind of ranking in his work and accords equal value to his writing, music and visual art. Drawing and painting are not his 'trade', any more than writing or music are 'hobbies'. His texts contain few statements about his visual art. We have to abandon our preconceptions about the supremacy of image over word in an artist's vocabulary, and regard Penck's writings as a separate but equal component of his work.[2]

If we look at Penck's words and images as forms of expression of equal value, we discover that certain elements which characterise his texts are also apparent in his visual work. In the first place, there are correspondences in his style of working. Many of his texts, for instance, are the product of an associative process. They consist of word chains (coordinations in which one word evokes another) and categorisations (subordinations in which a number of words are catalogued, like species enumerated under a genus).[3] Penck's visual art displays a comparable structure. Abstract shapes emerge from image associations and form themselves into series (cf. cat. nos. 2, 3, 4). Figurative subordinative arrangements appear mainly in the *Weltbilder*, which he made between 1963 and 1965.[4]

Furthermore, Penck's texts reflect a disdain for logical construction, while rhetoric is completely alien to him. And when words fail him he literally spews out a BLABLABLABLABLA. He sits down, reels off a text, and when he gets to the end the work is finished. He never corrects or alters anything he has made. Much of his writing is confused, to put it mildly. Penck's verbal eruptions are anything but logical sequences, without any clear beginning, middle or end. His work has to be read intuitively and non-rationally. Only once we manage to assume a certain detachment can we grasp the allusive, evocative quality of his writing. Penck's visual art, and notably his drawings, mirrors the loose structure of his texts and creates a similar effect. He draws like he writes, heedless of composition or aesthetics. Shapes give rise to more shapes. But sometimes he simply throws in the towel, and what we get then are violently scored out figures (cat. nos. 26, 27, 28). Penck does not pick out the best of his work, as many artists do, but keeps literally everything he produces. A book of drawings, like a book of text, is the end result of a turbulent process, in which one can follow step by step. It is a process dominated throughout by a primary artistic impulse. Penck therefore chooses to leave his pictures in a state of confusion and complexity. He is expressly unconcerned with refinement or skill.

More than rhetoric in his writing, it is style, the manner of representation, that he considers important in his visual art. His writing contains several references to official art in the GDR and to the well-trodden stylistic paths it has taken. One look at these State-approved products is enough to realise how provocative and subversive Penck's style must have been in the eyes of East German officialdom. His admiration for the style of the West German artist Jörg Immendorff confirms that this was indeed Penck's intention, and that he considered style a political act.[5]

Penck in image

The most conspicuous motif in Penck's work is his stylised male figure. His *Weltbilder* from the early 1960s are full of these little men. Having opted for such an extremely simplified form, he has no alternative but to abandon precisely those visual aspects that are highlighted in traditional artistic representations of the human figure. If one compares the male figure in the *Feld* series (cat. no. 1) with any random model study it is immediately apparent what these aspects are. For instance, Penck does not represent 'pictorial variables' such as colour, the fall of light, costume, the arrangement of the hair, or the shape of the face or body. He makes no effort to create even a stylisation of the contours of the body, like the American artist Keith Haring, for example. Penck's figures are made up of a few angular lines, with a single tiny line in nearly all of them to show that they stand for men. They are called 'Streichholzmännchen' or little matchstick men. The figures are stylised in the extreme, and their simplicity has something primitive about it. They recall male figures in cave paintings, as various people have pointed out.[6]

Despite this nakedness, this stripping down to the bare bones, it is still possible to distinguish a number of 'variables' in these drawn or painted figures. Penck's schematic man can assume a few different poses, seen either from the front or in profile. He grasps objects and goes through various motions: he chops with an axe, he fights, he shakes hands. And the proportions are easy to change: one arm longer than the other, a man with legs like stilts. Finally, the one important factor that creates distinctions within this ultra-figurative simplification is that the man can make gestures. Some of the *Weltbilder* show him with a finger raised in admonition, others have him brandishing a sword above his head, shield in his hand, ready to attack. This diversity of poses, proportions and gestures yields an astonishing range of meanings.

Though the various actions and gestures of Penck's matchstick man are not generally related to any chronological sequence in his oeuvre, one particular type appears more frequently than others in the work he has produced since about 1966. It is the little figure mentioned earlier in the *Feld* series (cat. no. 1). After all his escapades in the *Weltbilder*, Penck's little man has come to rest in this pose, legs wide apart, feet turned out, hands at shoulder level and fingers spread. The half-raised hands recall the 'orant' position, which alludes to prayer. Christ is often depicted like this in early mosaics.[7] A few notes on sketches that Penck must have made around 1966, depicting men with their arms raised, show that he was thinking along these lines, though his interpretation is wider. He notes the following, for instance: 'Das Problem der Gebärde. Zur Frage Handgott. Die IchergebemichGebärde. Erkennungszeichen Gleichgesinnter' (The problem of gestures. On the question of 'Hand God' the I-Surrender-Gesture. Identification signs of congenial persons). This is the only reference in any of his sketchbooks to the signification of gestures.[8] This annotation, and the frequency with which the figure occurs in the same position and making the same gesture (it appears over and over on some sheets) indicates its significance to the artist.

As important as the simplified male figure may be in Penck's oeuvre, it is not the only human figure he depicts. The painting entitled *Ränitzgasse 19* (cat. no. 18), for instance, shows women who are by contrast far more of flesh and blood. All 'pictorial variables', which are systematically denied the little man seem to be indispensable for Penck's women. They are colourful and they appear in a recognisable space. They display a far wider range of poses and movements, and have more individualistic features. One of Penck's ink drawings shows the figure of a woman against a background of stippling (cat. no. 20). The composition of an early drawing in the *Feld* series (cat. no. 5) is reminiscent of Picasso or Munch, while another from the same series (cat. no. 7) recalls Willem de Kooning.

Penck produces both figurative and abstract work. Abstract figures in his drawings often stand out against the background (cat. no. 8), while others are extremely simple line drawings (cat. no. 9). He is most explicit about the shapes in his drawings when addressing children. 'Now I want to talk to you about painting and drawing. First try out all the things you can do with a pencil or a piece of chalk — lines, dots, crosses, arrows and curls. It does not matter what you call them. What you have to remember is what they look like, and then keep trying to conjure them up in your imagination. If you do this, you will discover that each mark arouses a feeling or sensation in you, not only when you draw it, but even when you just picture it in your mind.'[9] Penck has not confined himself to one disciplin in the visual arts. Besides painting and drawing, he produces sculptures in various materials (cat. nos. 29, 30, 32, 33, 34, 35, 40).

Penck in the Visser collection

Collectors and art historians have a fundamentally different attitude to visual art. A visit to Martin Visser,[10] who is a more public figure than Geert-Jan or Adri Visser, reveals exactly why. Visiting him is like going to a studio. The 'studio', however, designed by Gerrit Rietveld, is far more beautiful than most, and it has an extension designed by Aldo van Eyck. The works of art hanging on the walls or standing on the floor are finished, and all the paintings are dry. This is how Visser's studio differs from a normal studio. It is only the art works, however, that are finished. The pieces have all been assigned a place to see whether they go well together. The art historian thinks that the arrangement is superb, but Martin Visser remains indecisive. Moreover, he hopes he always will, and that it will continue to be a permanently changing exhibition.

Martin Visser bought his first drawing by Penck in Antwerp in 1974. Together with his brother and sister, he has collected Penck's work ever since. Propped up against the wall are four large drawings from 1990. On the other hand, after much deliberation, part of the Penck collection was transferred to the Kröller-Müller Museum. In turn, a fellow collector gave Martin Visser a book of Penck's drawings from the *Feld* series. Hence everything in the collection finds its own place. Visser sees himself simply as their temporary custodian.

A collector is accountable to no-one. He is untroubled by an acquisitions committee breathing down his neck. Visser buys what he wants to buy, and disposes of it when he gets tired of it. He recalls a visit from the artist Marcel Broodthaers around 1973. 'Beautiful', his guest nodded approvingly, 'only one painting left'. Painting had gone into a decline at the time, and the artists he knew made no secret of their views when Visser bought several new paintings by Penck in 1974. One of them described the revival of painting as 'pure kitsch'. But the disturbing quality of painting after the serenity of Minimal and Conceptual Art appealed to Visser. Having discovered Penck's work, Visser went to Dresden to meet the artist. On that occasion Penck made a painting in which he incorporated a portrait of Visser.[11] Many visits were to follow.

What appeals to him in drawings is their temporary nature. A drawing is made quickly and if it isn't good you quickly make another. Painting is altogether more permanent. Penck's step-by-step technique, close to the idea, has surprisingly much in common with conceptual art. Visser has no special preference for any particular type of Penck's work — if there is any. He is intrigued by the artist's attitude, his disdain for aesthetics and the controversial character of his drawings.

Penck's refusal to select his own work, his habit of keeping everything he produces, makes things that much more difficult for the collector. More than once, Martin Visser has chosen a group of drawings to hang together, only to wonder in amazement, a couple of months later, how he could possibly have done so. Then he makes a fresh selection, and the cycle is repeated. What does he look for now? What counts for him? An art historian can think up more questions than three collectors could answer. But Visser ponders the matter before offering a carefully considered reply. 'The strength and concentration in the picture, not the physical drive to paint, but rather a paralysis, the feeling that your entire being is all right. The meaning of a work of art is irrelevant.' And there you are, the art historian. When the exhibition is over, you will pick up the catalogue once in a while and browse through it casually to jog your memory. But not the collector. The collector will immediately start arranging a fresh exhibition with the work that has come back to him.

1   Johannes Gachnang, 'Meine Reisen nach Sachsen', in *A.R. Penck. Konzept Konzeptraum*, exhib. cat. Boymans-van Beuningen Museum, Rotterdam 1979, p. 59. For a comprehensive biography with numerous anecdotes and quotations from interviews, see Lucius Grisebach (ed.), *A.R. Penck*, Munich 1988. The book also examines the pseudonyms Penck used.

2   A similar view is expressed in Dieter Koepplin, 'Zeichnungen von A.R. Penck', in *A.R. Penck. Y. Zeichnungen bis 1975*, exhib. cat. Kunstmuseum Basel, Basel 1978, p. 8.

3   A good example of this type of writing is the stencilled *Ich-Standart Literatur*, Edition Agentzia, Paris, s.a. (probably 1971). It includes a comprehensive alphabetical list of word associations as well as various lists such as the names of a number of toxic gases, nerve gases and chemical weapons. Penck has published more than twenty works of this type since 1967. For an overview of the majority of them, see Renate Winkler, 'Critical Bibliography', in Jack Cowart (ed.), *Expressions. New Art from Germany*, Munich 1983, p. 170.

4   None of these 'Weltbilder' are shown in the present exhibition for the simple reason that the Visser collections do not contain any. Several of them are reproduced in Lucius Grisebach (ed.), *op. cit.*

5   'Der Unterschied zwischen Immendorff und den Sozialen Realisten in der DDR is der, dass sie sich bei uns auf alte Methoden beziehen (aus dem Barock, der Renaissance, dem Biedermeier), ohne das sie dabei die Freiheit haben, etwas damit zu tun. Immendorff zerstört die alte Formen. Das ist ein wesentlicher Unterschied'. (The difference between Immendorff and the social realists in the GDR is that here they employ the old methods (from Baroque, Renaissance, Biedermeier) without having the freedom to do anything with them. Immendorff destroys the old forms. That is a fundamental difference!). Paul Groot, 'Penck ist nicht wesentlich tot. Der Geist von Penck lebt noch', interview in *A.R. Penck. Konzept Konzeptraum*, exhib. cat. Boymans-van Beuningen Museum, Rotterdam 1979, p. 65.

6   See for example Marlis Grüterich, 'Natuurlijke gevoelens voor kunstmatige werelden', in *Museumjournaal*, 1981, p. 232. (Penck... linked primaeval ages and primaeval marks to their contemporary pendants in a scheme of their common ground.)

7   For a history of the representation of this gesture and its other meanings, but not in Penck's work, see Heinz Demisch, *Erhobene Hände, Geschichte einer Gebärde in der bildende Kunst*, Stuttgart 1984. This is the pose of the so-called 'Standartfigur' in Penck. The word 'Standart' appears frequently in his writings.

8   These sheets with ballpoint drawings and annotations are in the collection of the Kunstmuseum Basel and are reproduced in Dieter Koepplin, 'Zeichnungen von A.R. Penck', in *A.R. Penck. Y. Zeichnungen bis 1975*, exhib. cat. Kunstmuseum Basel, Basel 1978, pp. 12, 13.

9   Dieter Koepplin, 'A.R. Penck', in *A.R. Penck*, Eindhoven, 1975, translated by Joke Valentijn.

10   The information cited in the following section was obtained during a conversation with Martin Visser on 11 February 1991.

11   A detail of the painting with Visser's portrait is reproduced together with his contribution to the aforementioned Boymans-van Beuningen Museum catalogue, Rotterdam 1979.

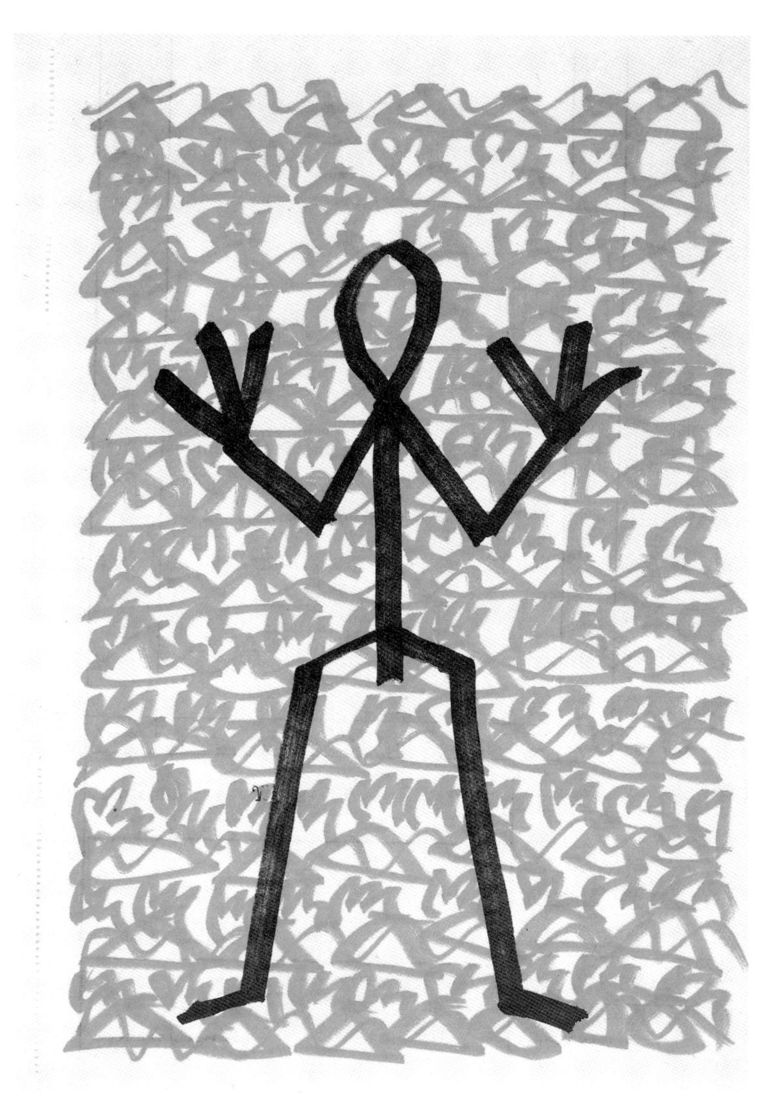

1
uit de serie / from the series
Feld
ca. 1966 29 x 20,5 cm

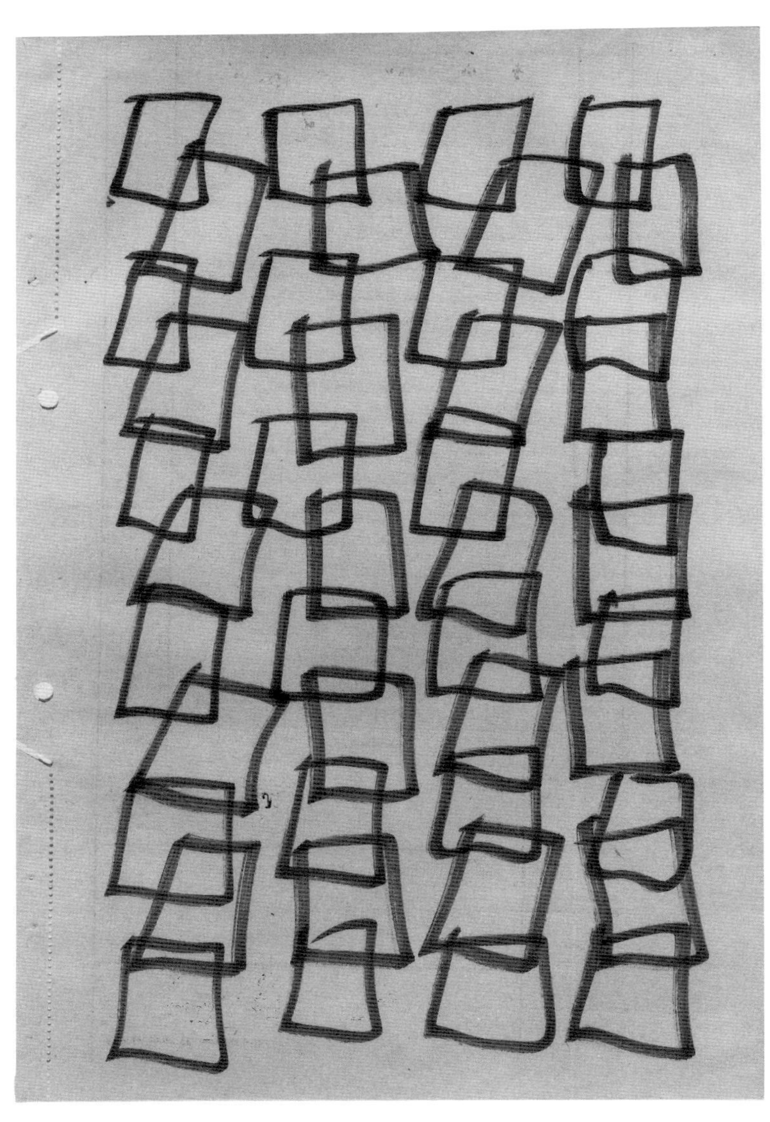

2
uit de serie / from the series
Feld
ca. 1966 29 x 20,5 cm

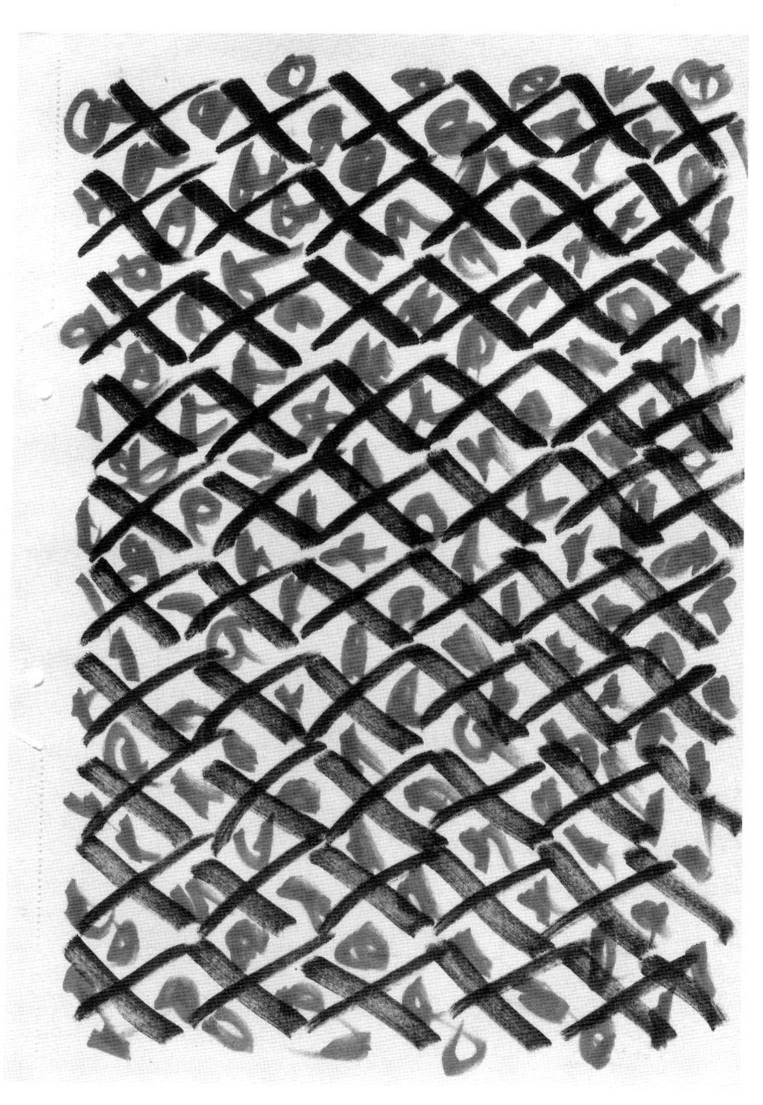

3
uit de serie / from the series
Feld
ca. 1966 29 x 20,5 cm

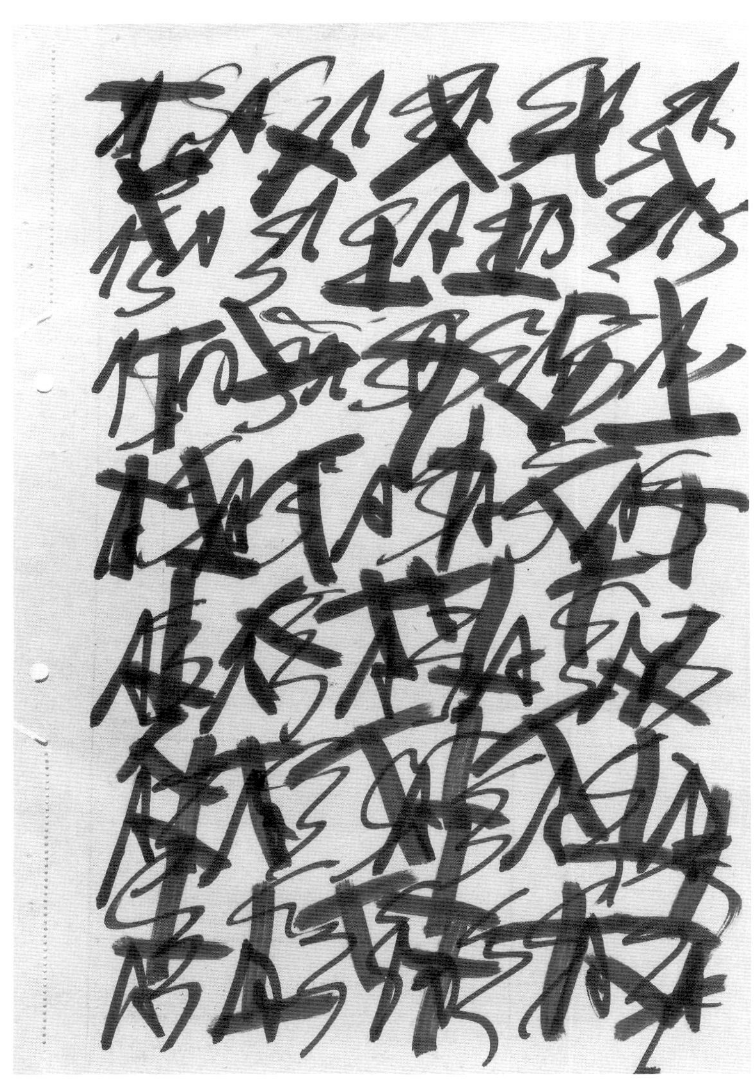

4
uit de serie / from the series
Feld
ca. 1966 29 x 20,5 cm

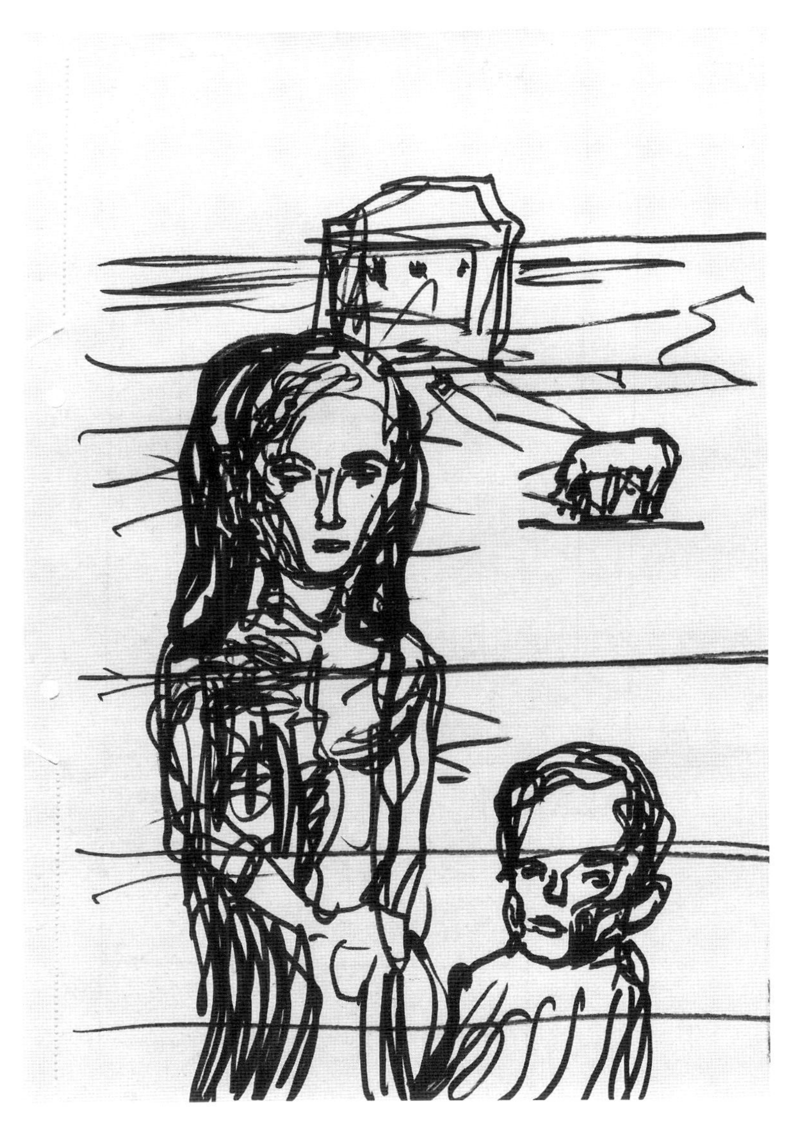

5
uit de serie / from the series
Feld
ca. 1966 29 x 20,5 cm

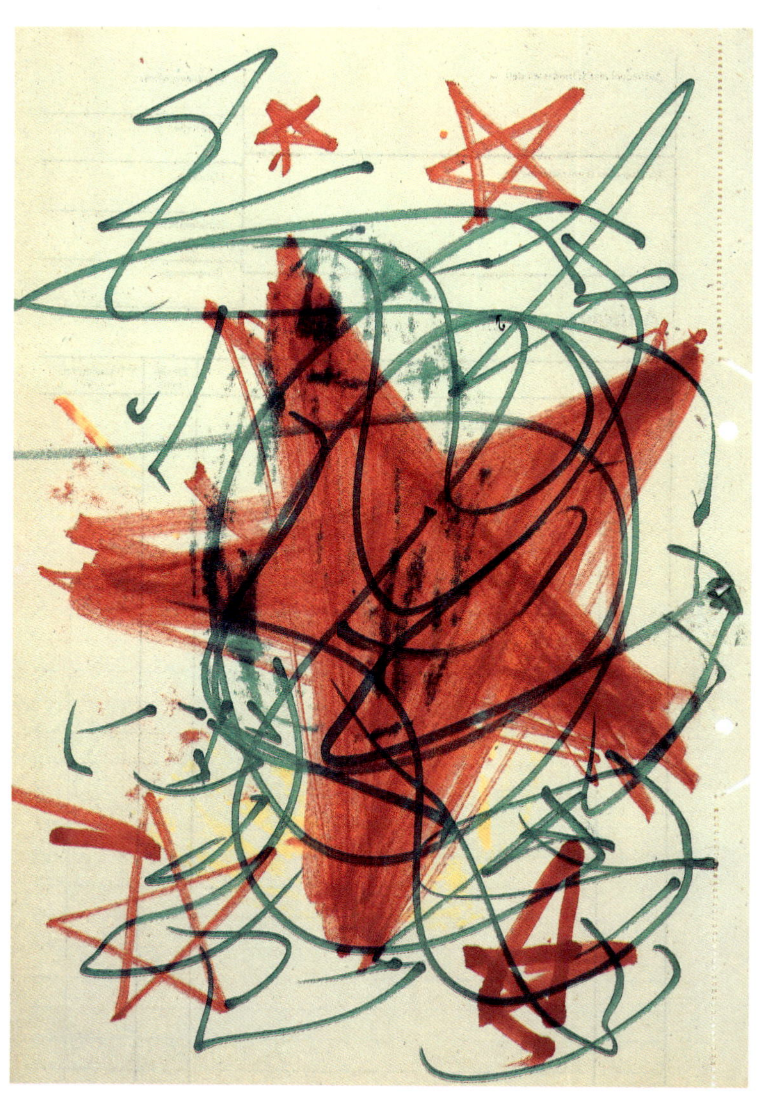

6
uit de serie / from the series
Feld
ca. 1966 29 x 20,5 cm

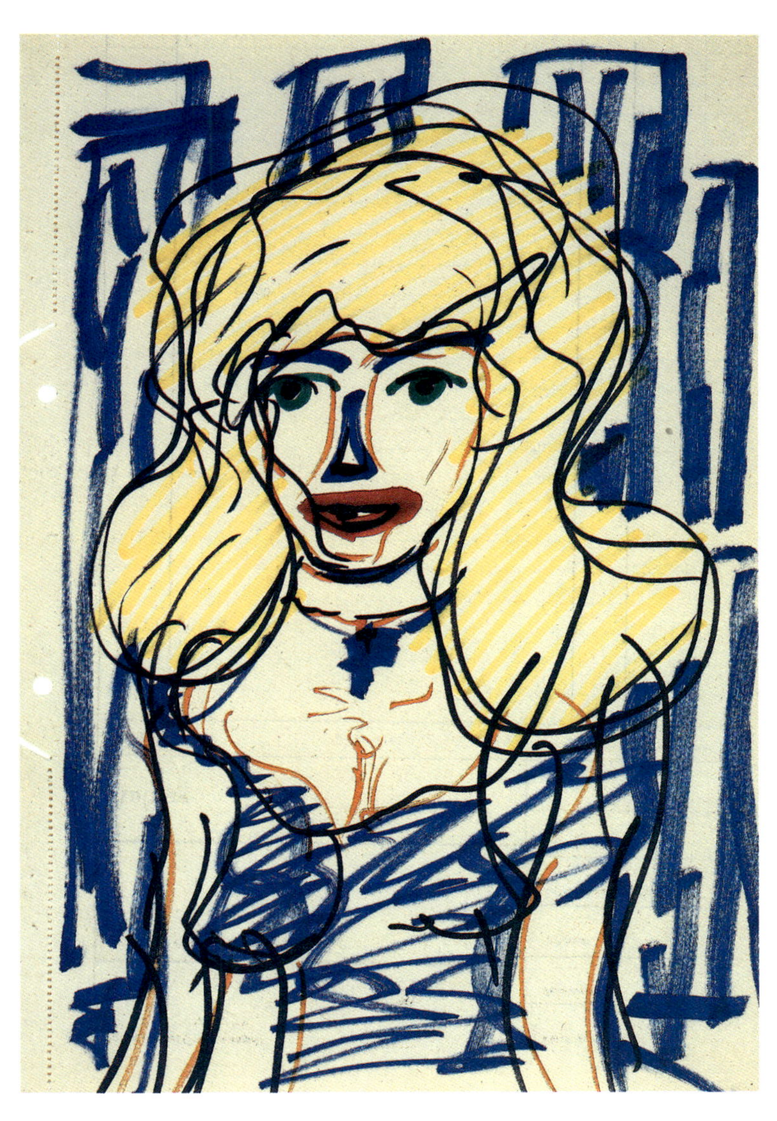

7
uit de serie / from the series
Feld
ca. 1966 29 x 20,5 cm

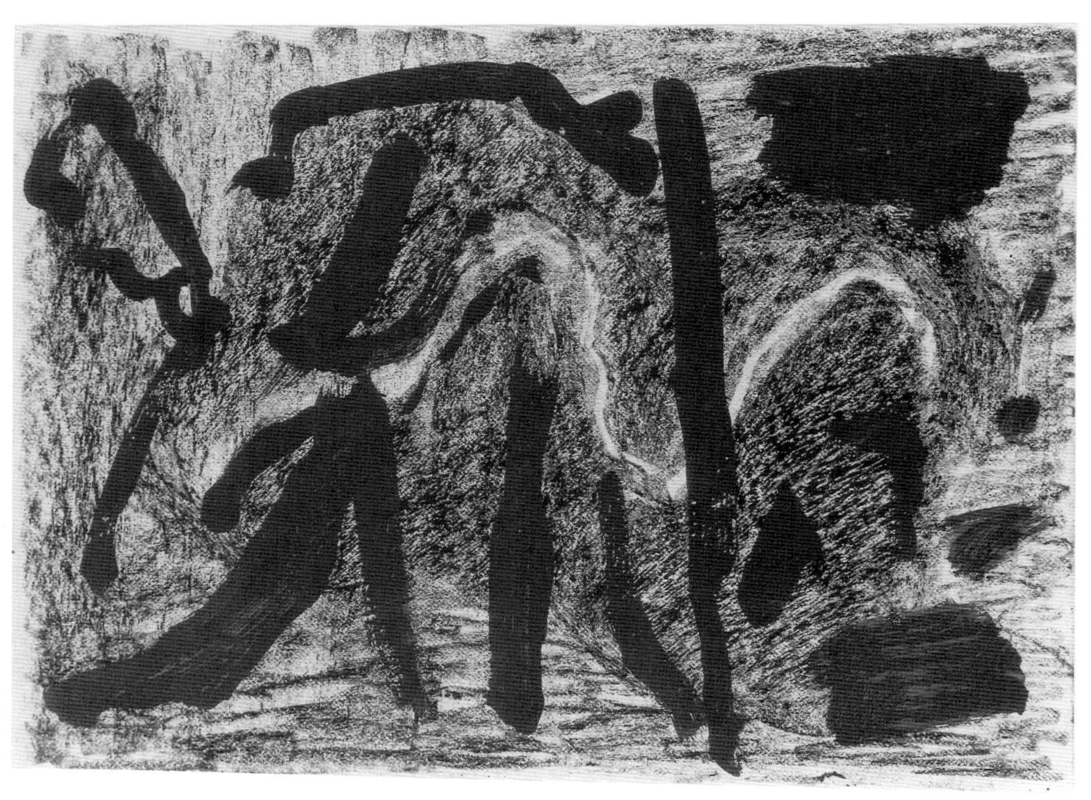

8
Ohne Titel
1968 29,5 x 20,5 cm

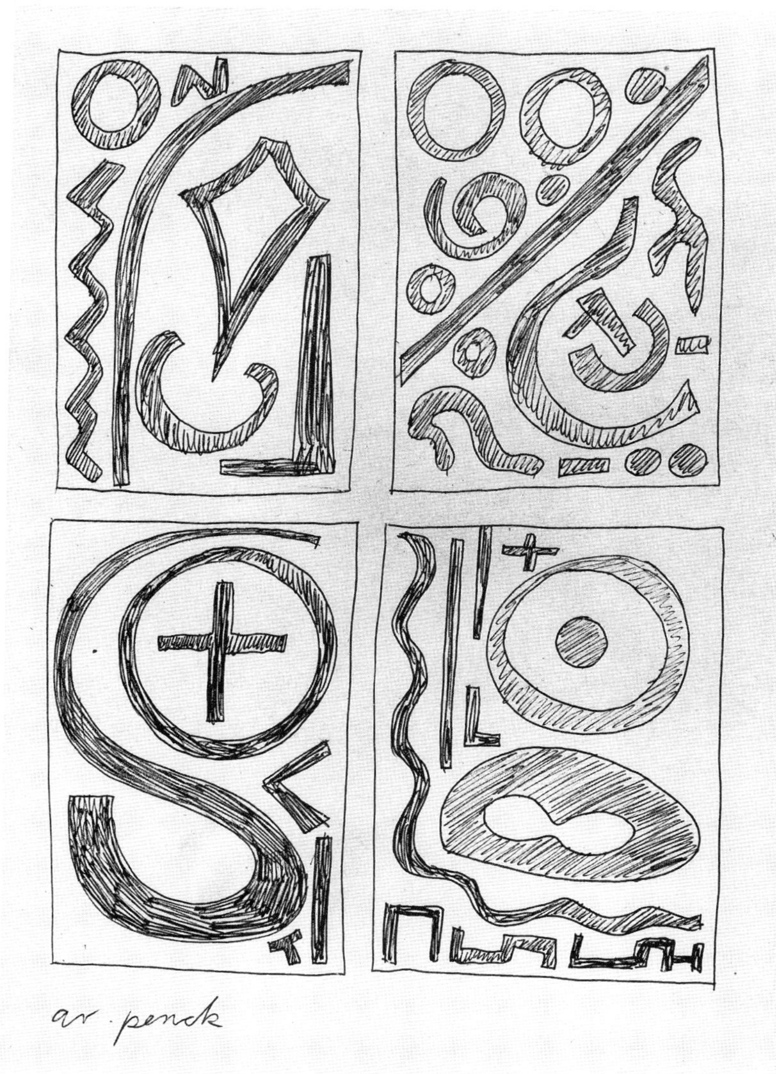

9
Ohne Titel
ca. 1969 29,5 x 21 cm

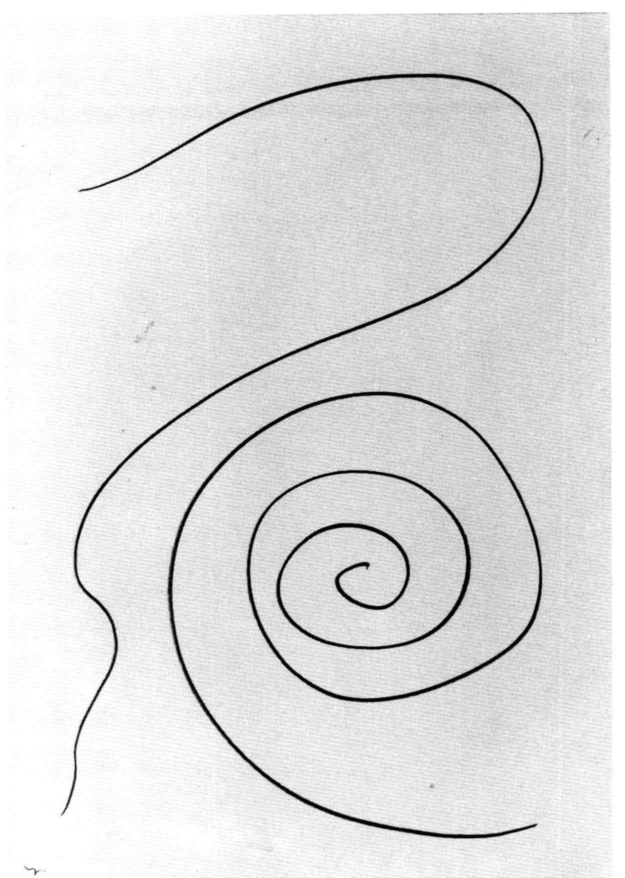 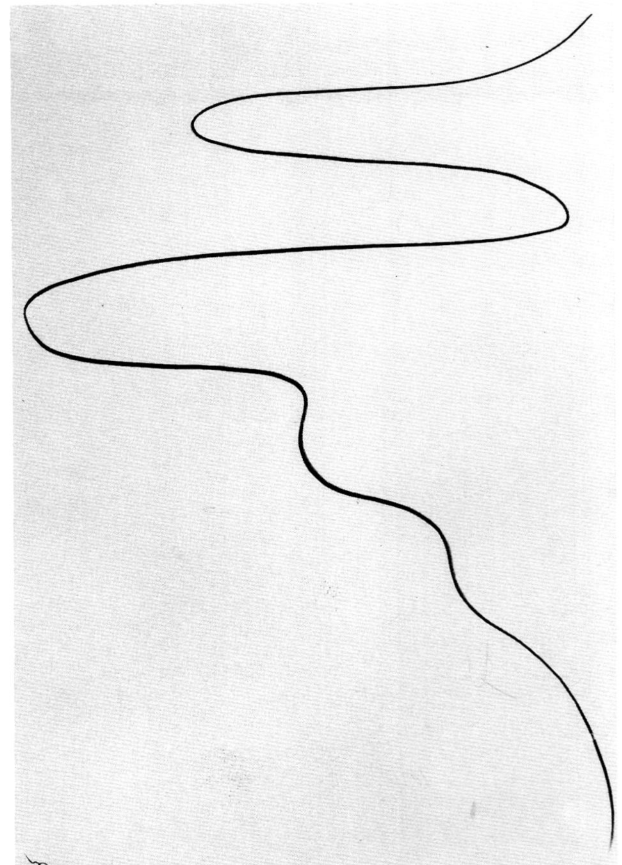

10
Ohne Titel
ca. 1970 41,5 x 29,5 cm (2x)

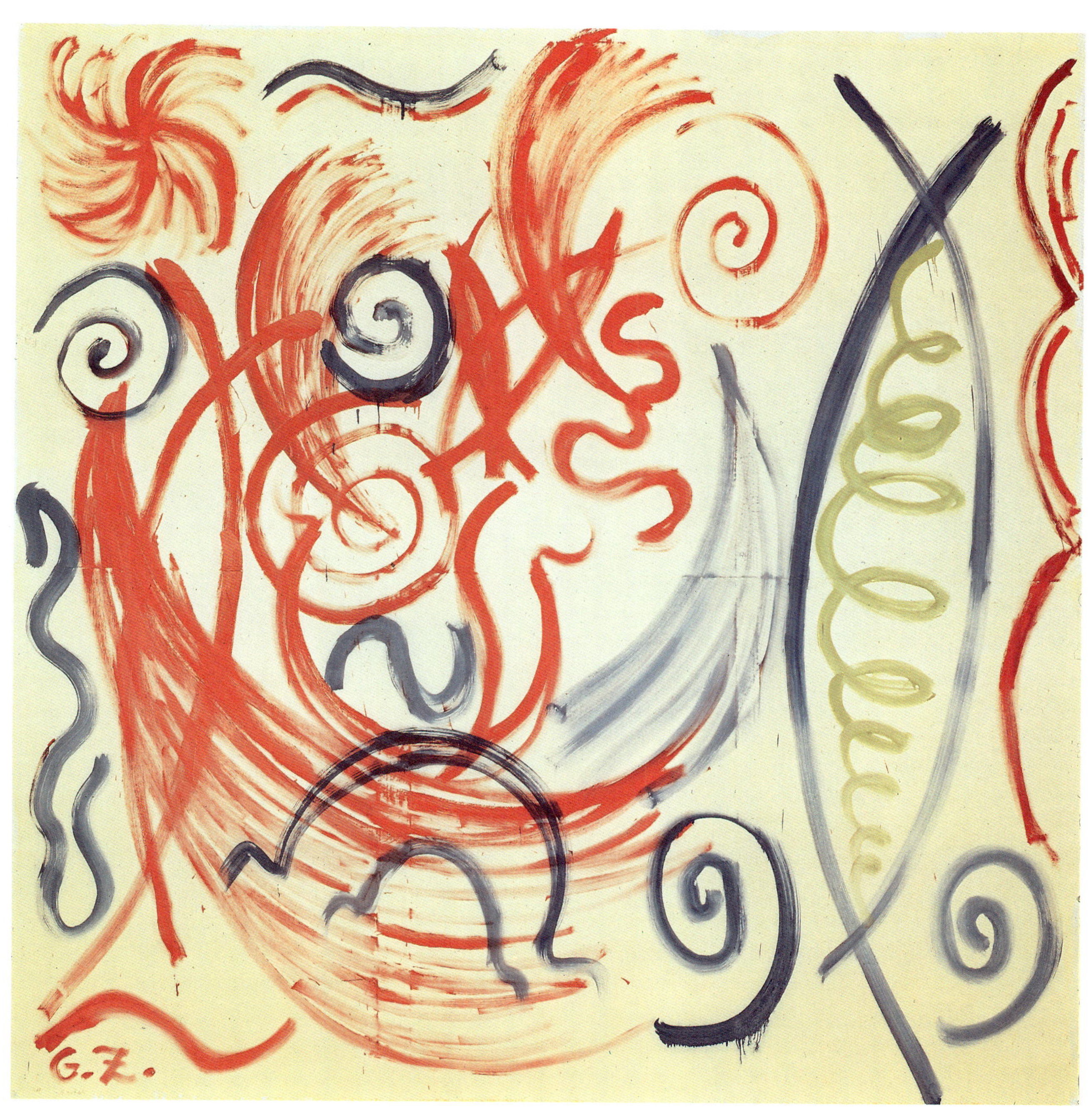

11
G.Z. Markus
1973 285 x 285 cm

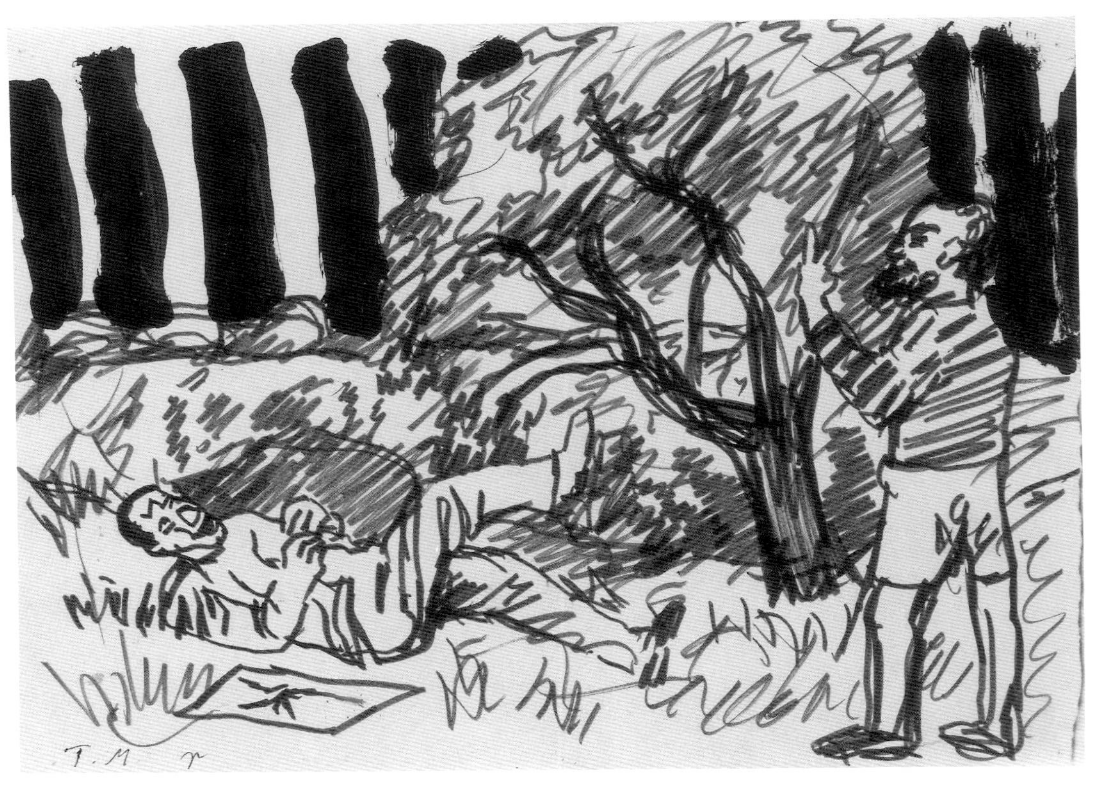

12
uit de serie / from the series
Baum
1974 21 x 29,5 cm

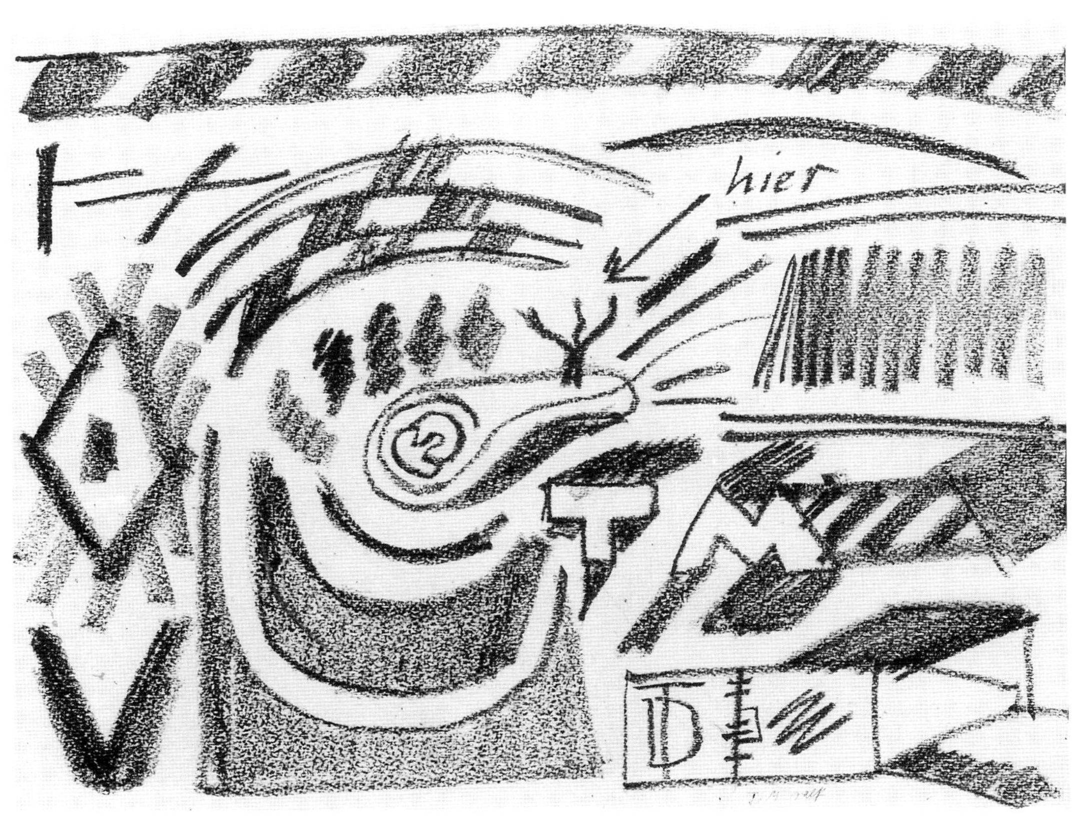

13
uit de serie / from the series
Baum
1974 21 x 29,5 cm

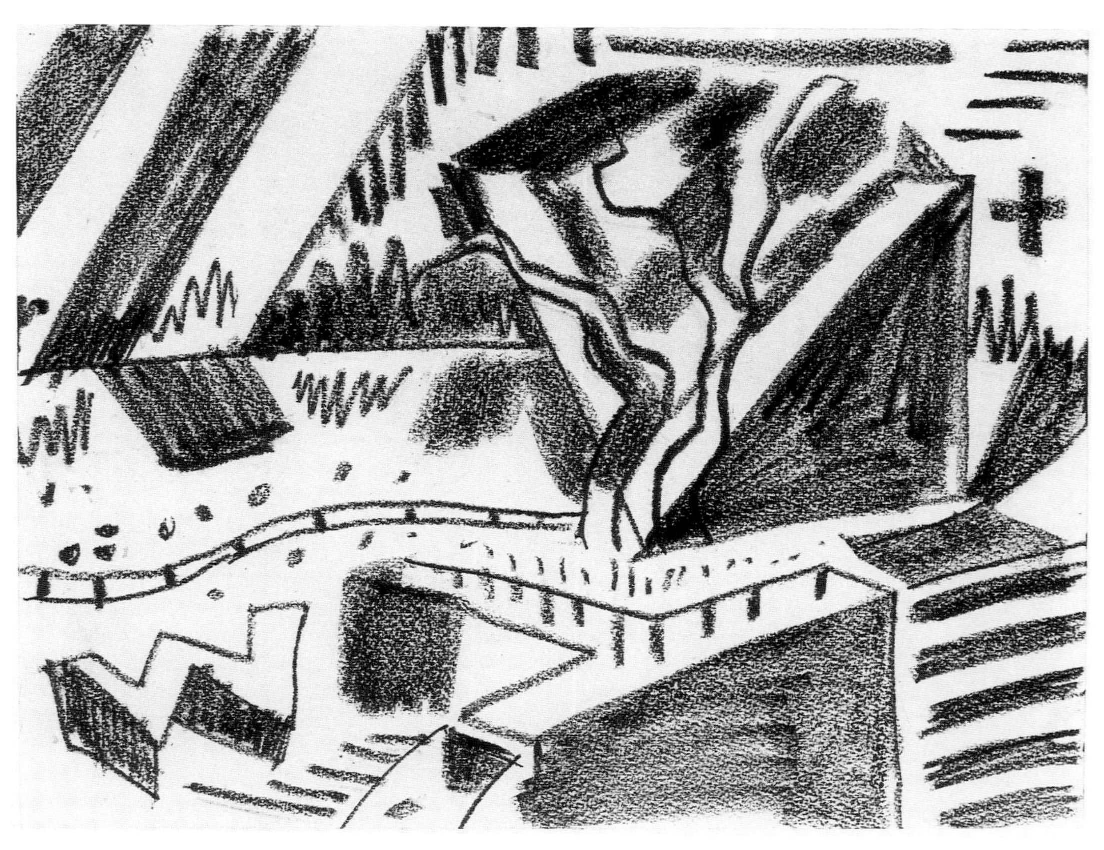

14
uit de serie / from the series
Baum
1974 21 x 29,5 cm

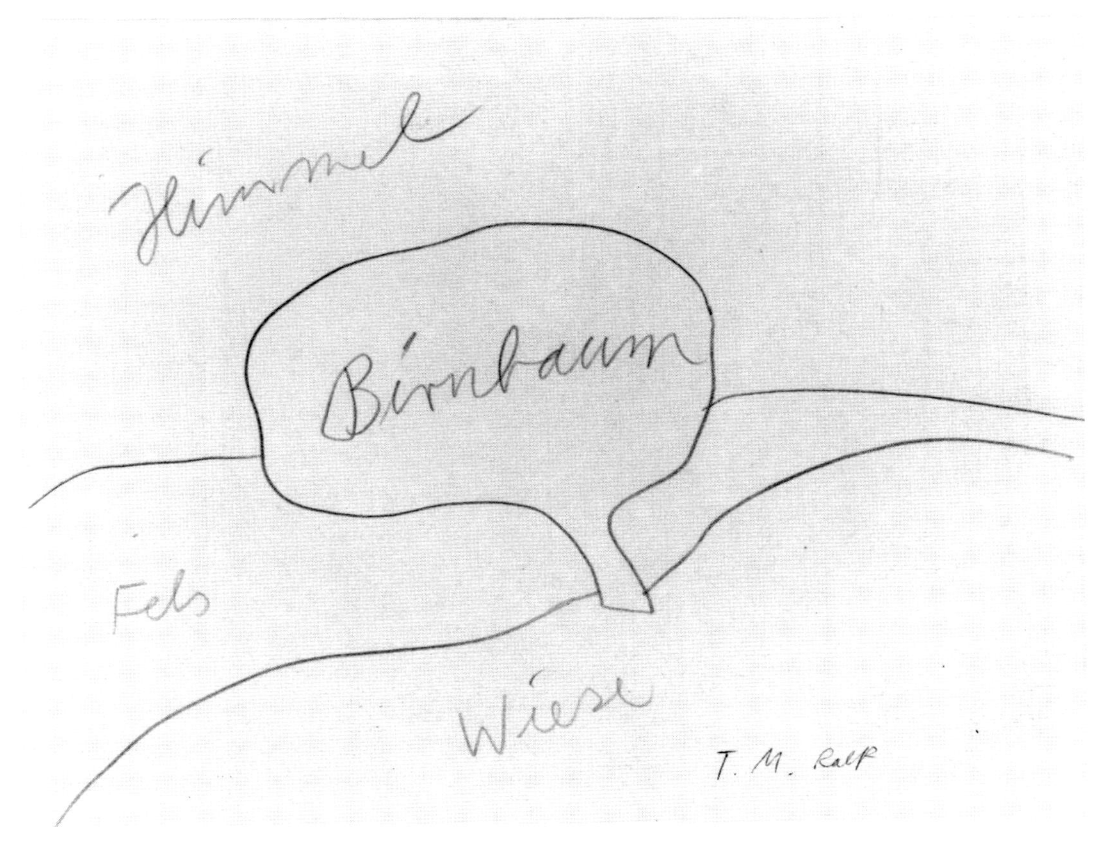

15
uit de serie / from the series
Baum
1974 21 x 29,5 cm

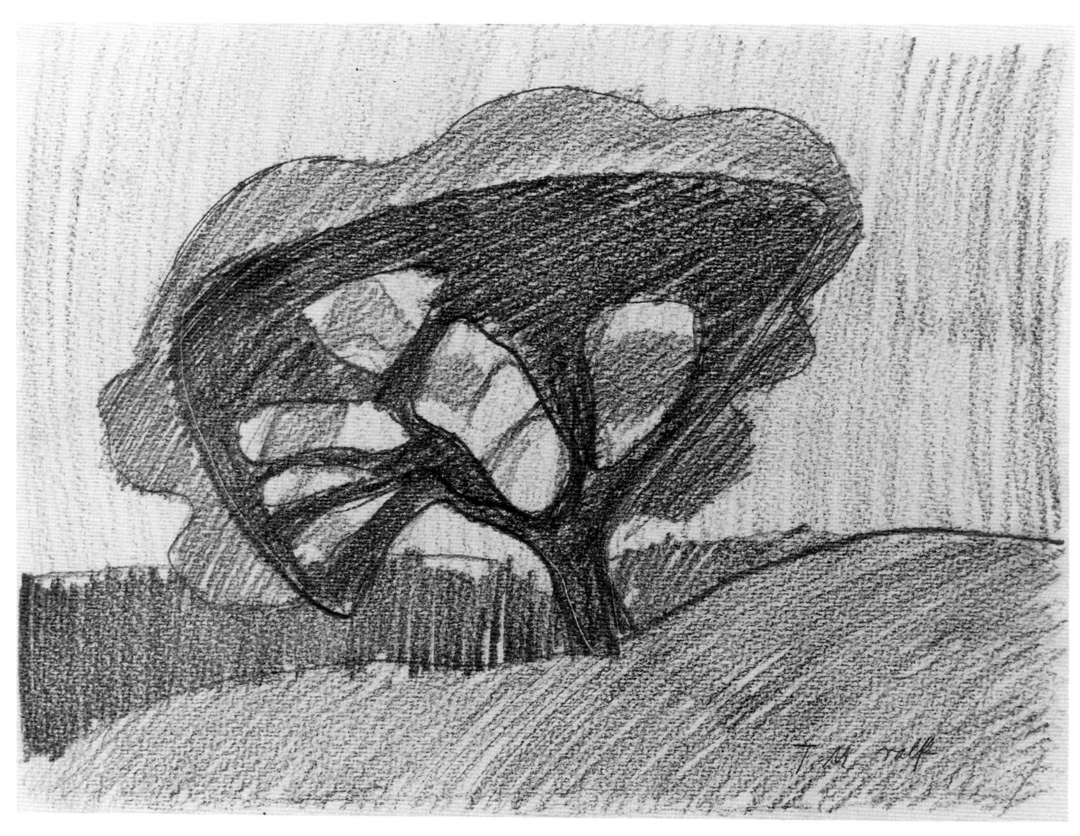

16
uit de serie / from the series
Baum
1974 21 x 29,5 cm

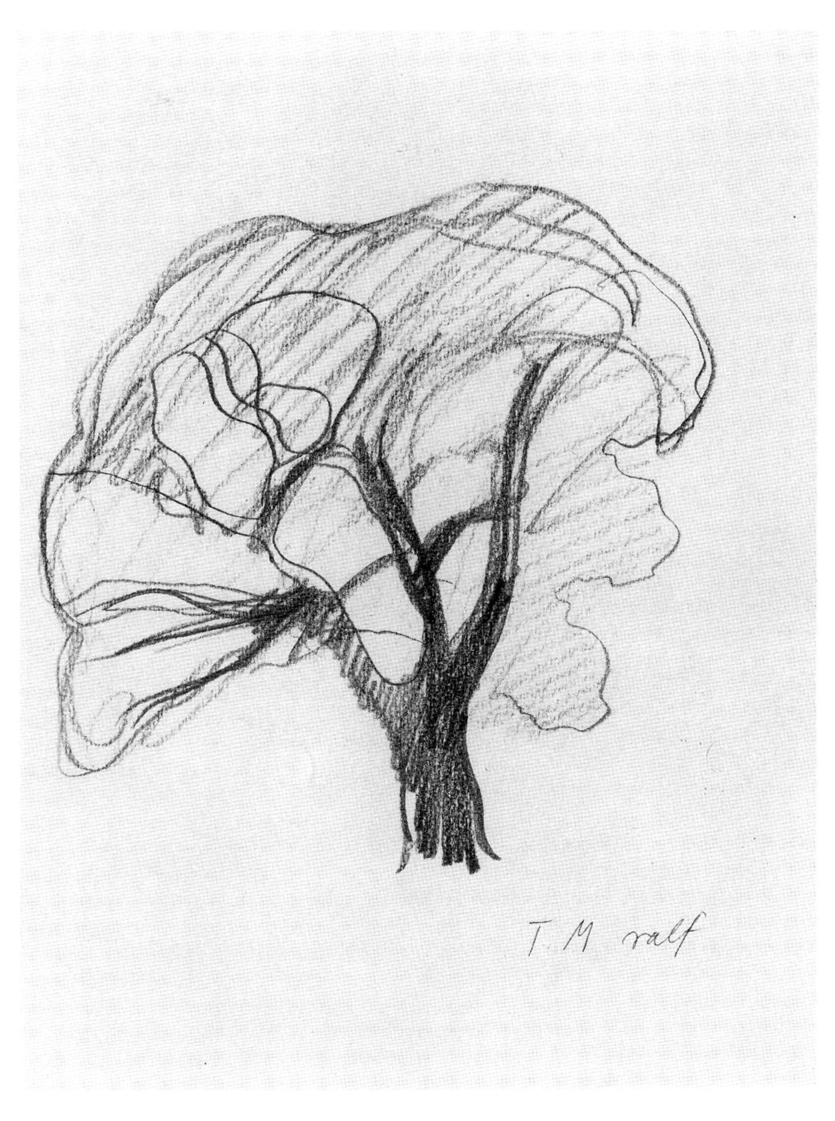

17
uit de serie / from the series
Baum
1974 29,5 x 21 cm

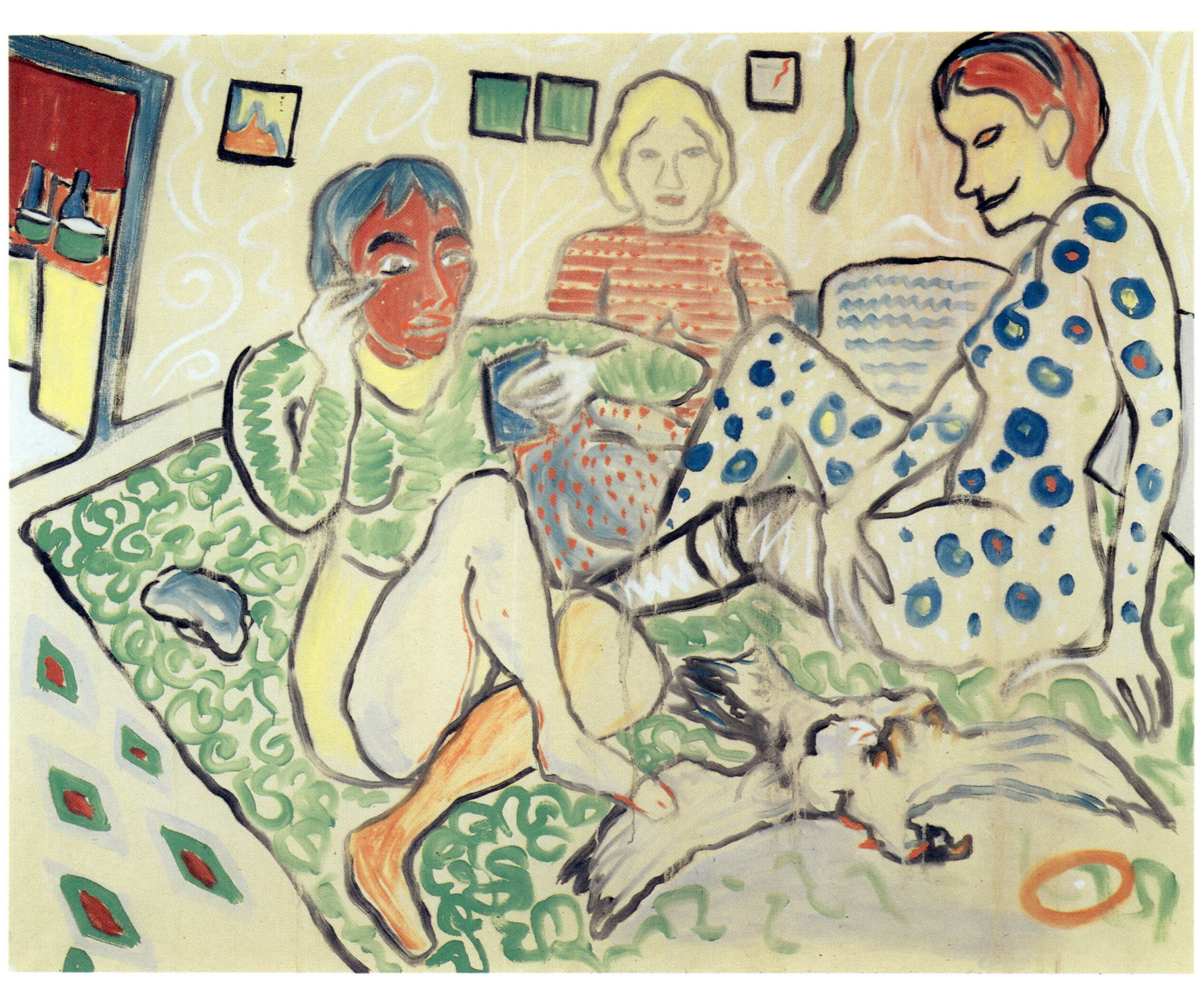

18
Ränitzgasse 19
1977 144 x 179 cm

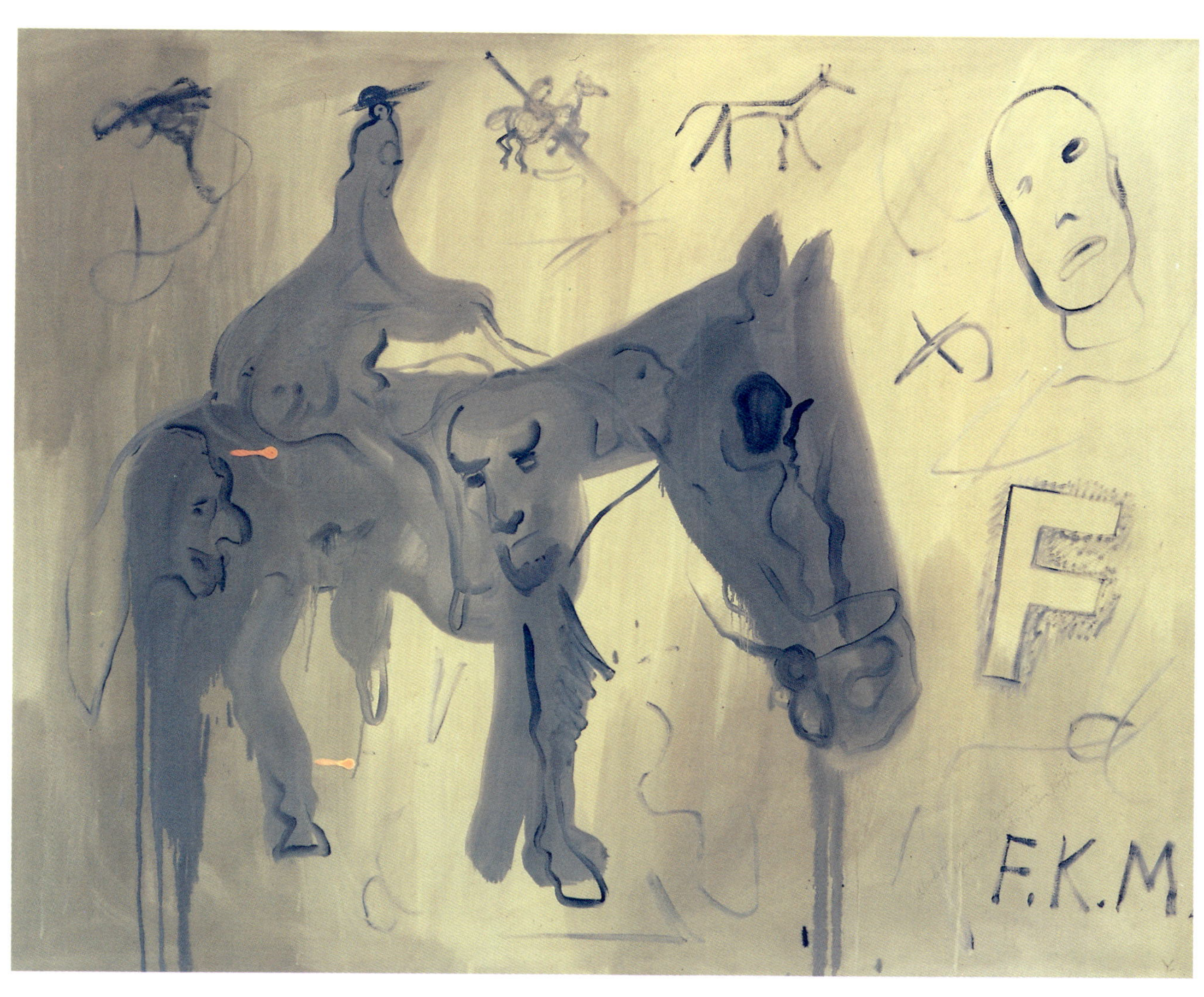

19
Überlassen Sie das Denken den Pferden
1977 142 x 178 cm

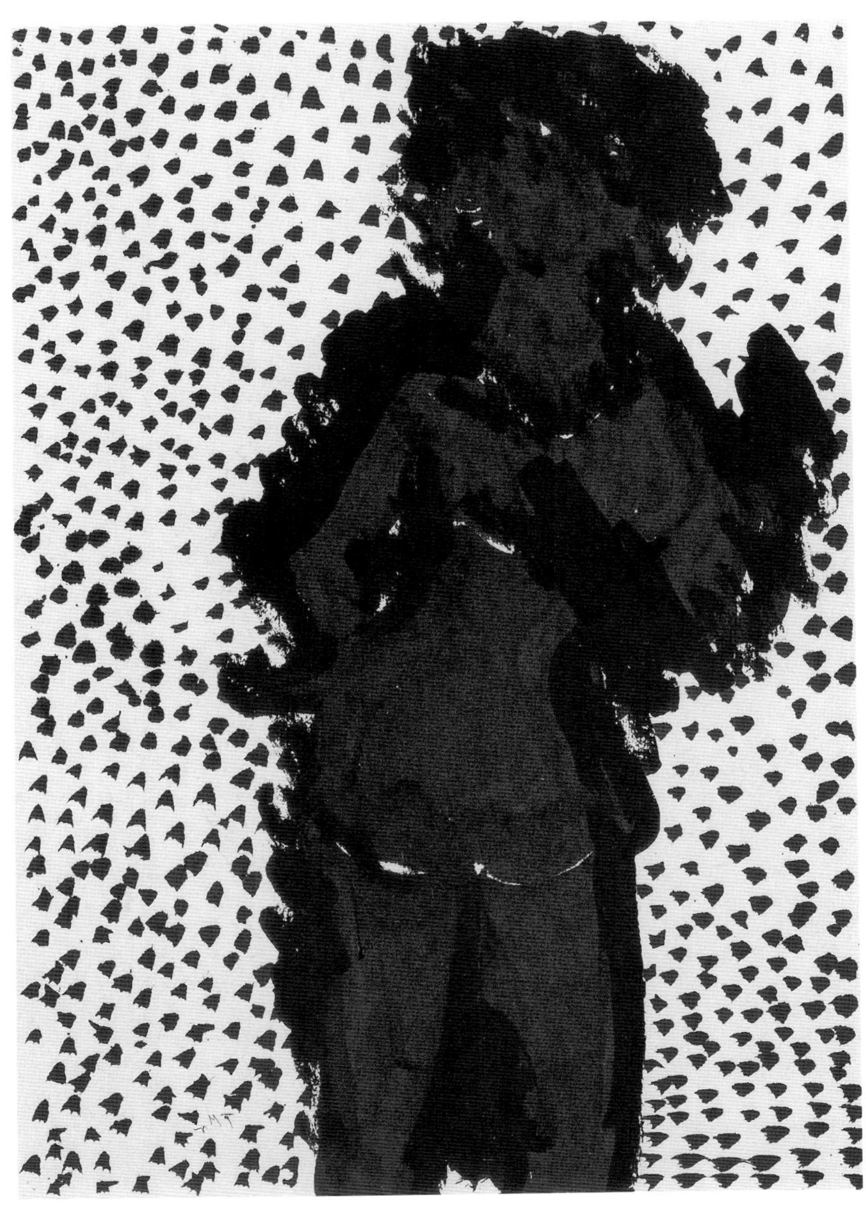

20
Ohne Titel
ca. 1978 41 x 29,5 cm

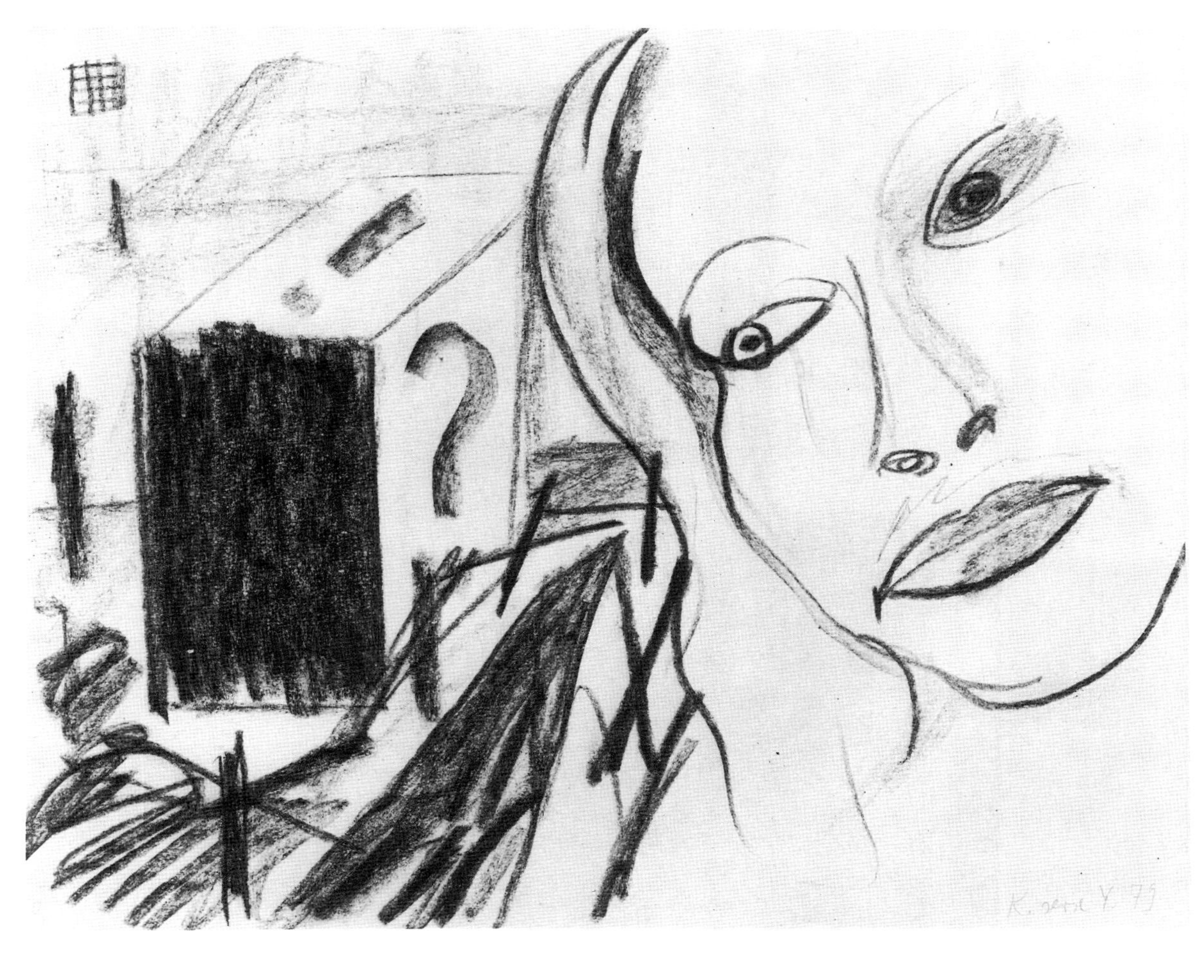

21
uit de serie / from the series
K. Serie Y.
1979 44,5 x 57,5 cm

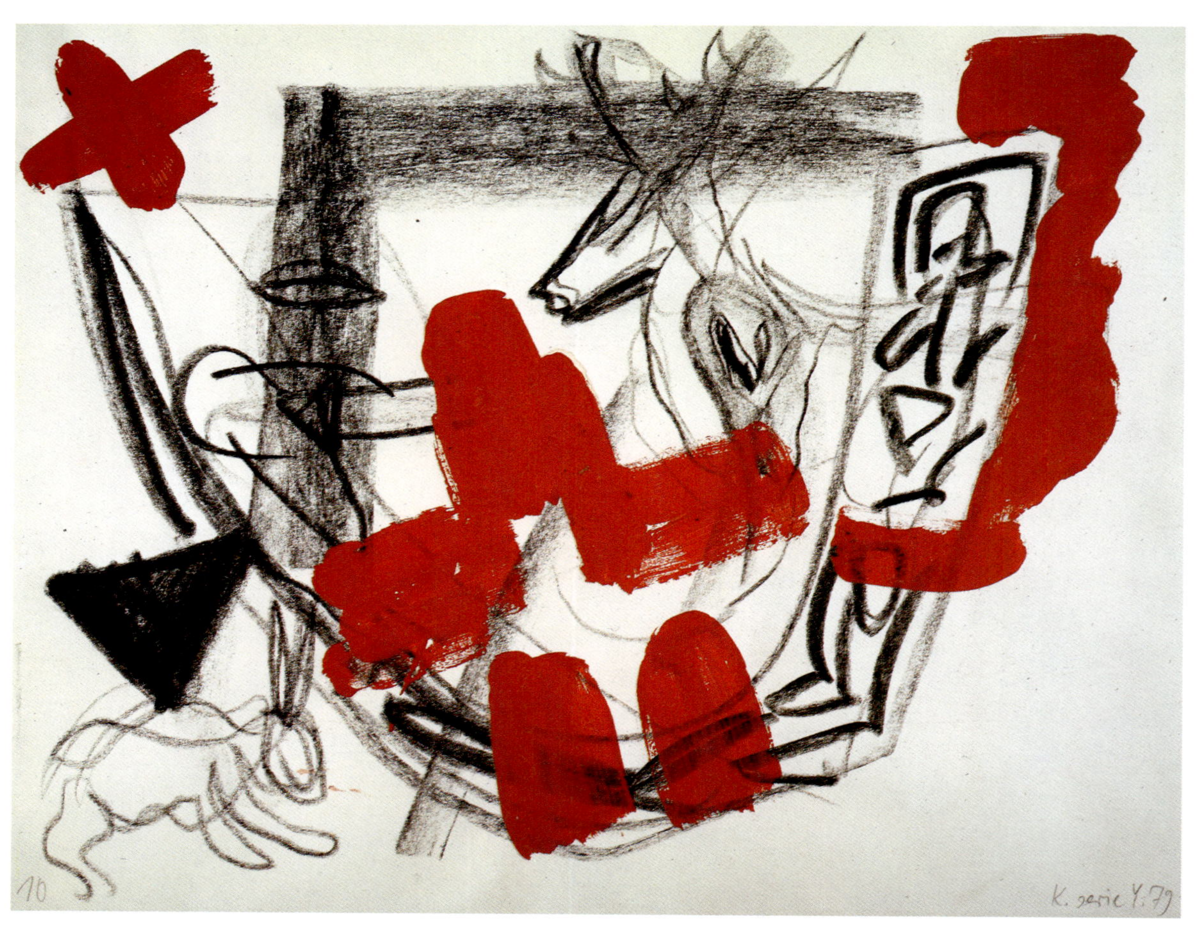

22
uit de serie / from the series
K. Serie Y.
1979 44,5 x 57,5 cm

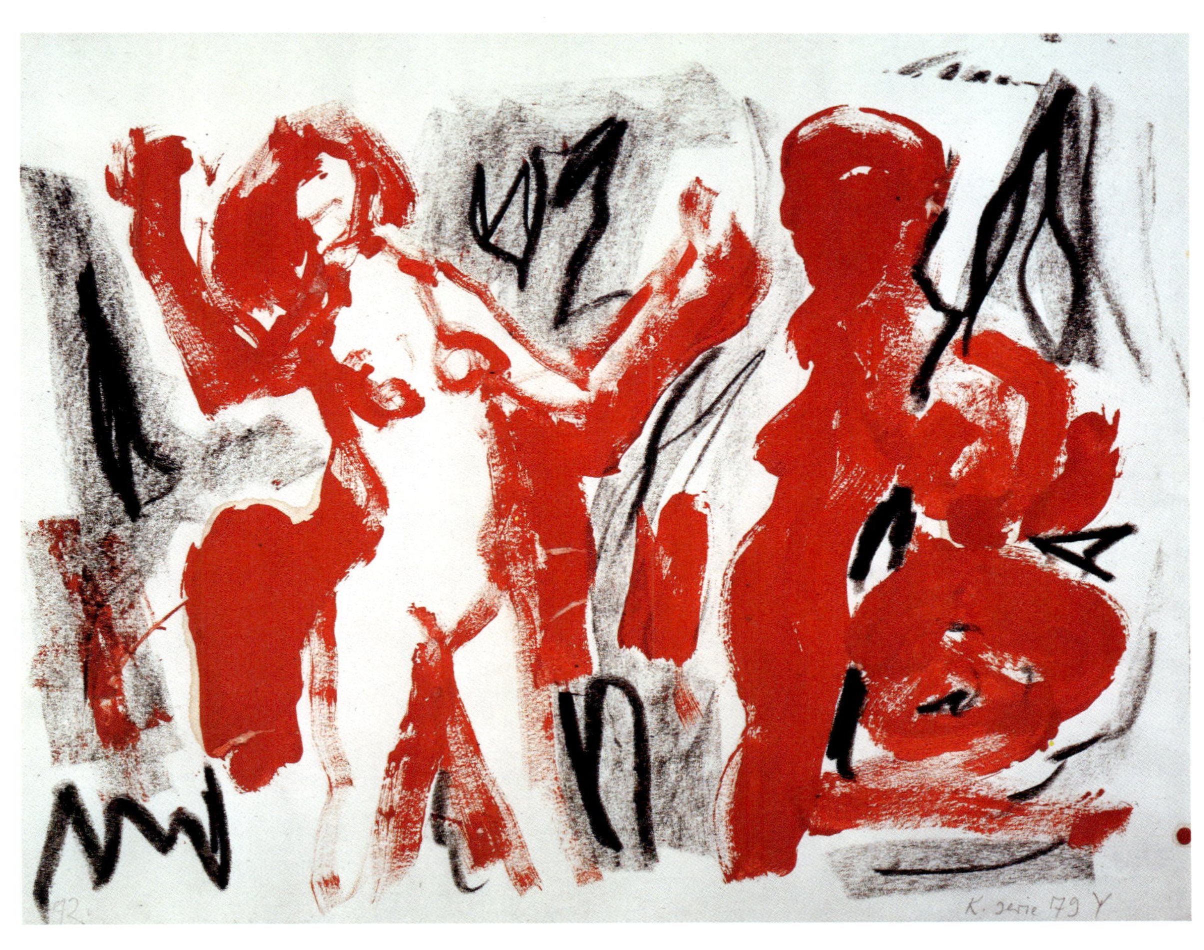

23
uit de serie / from the series
K. Serie Y.
1979 44,5 x 57,5 cm

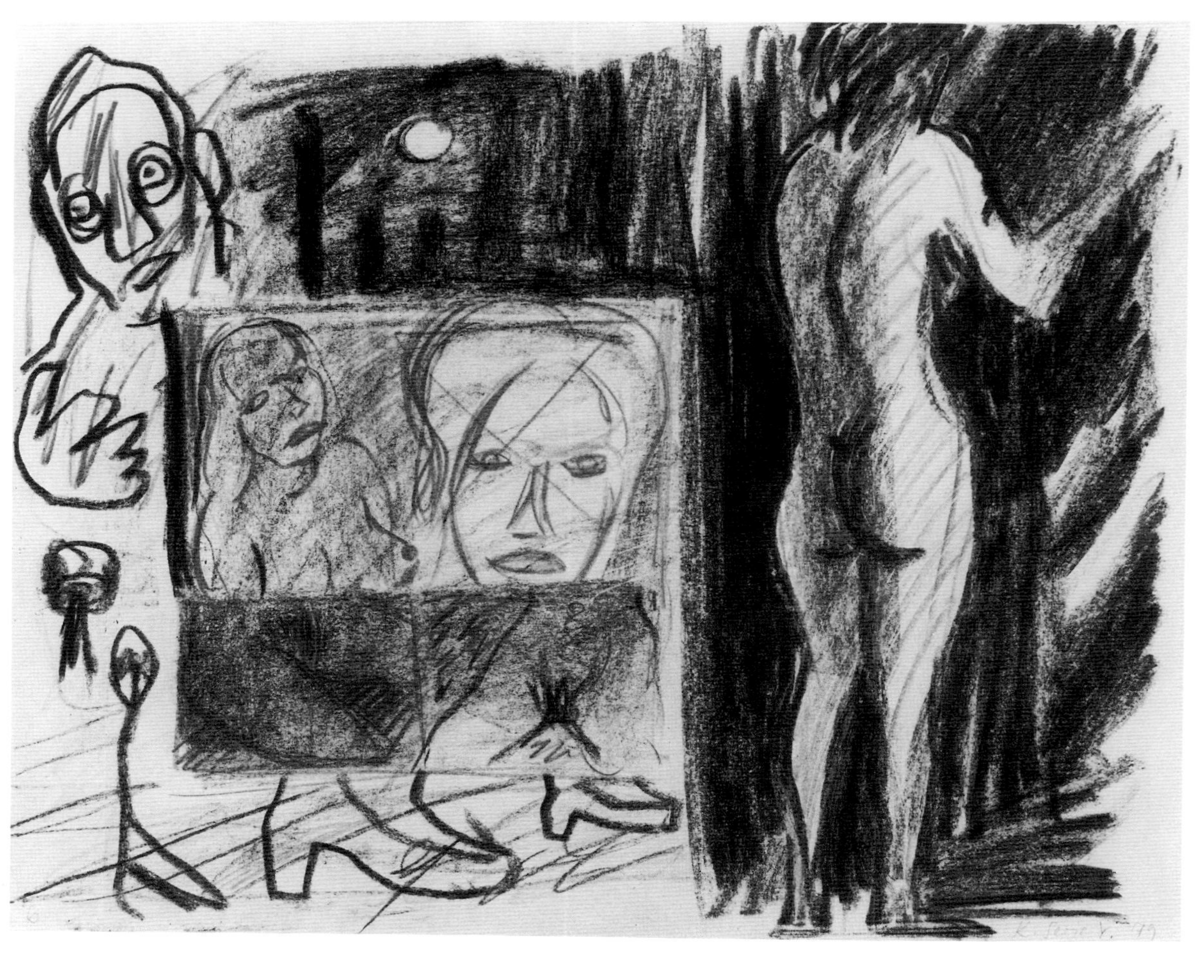

24
uit de serie / from the series
K. Serie Y.
1979 44,5 x 57,5 cm

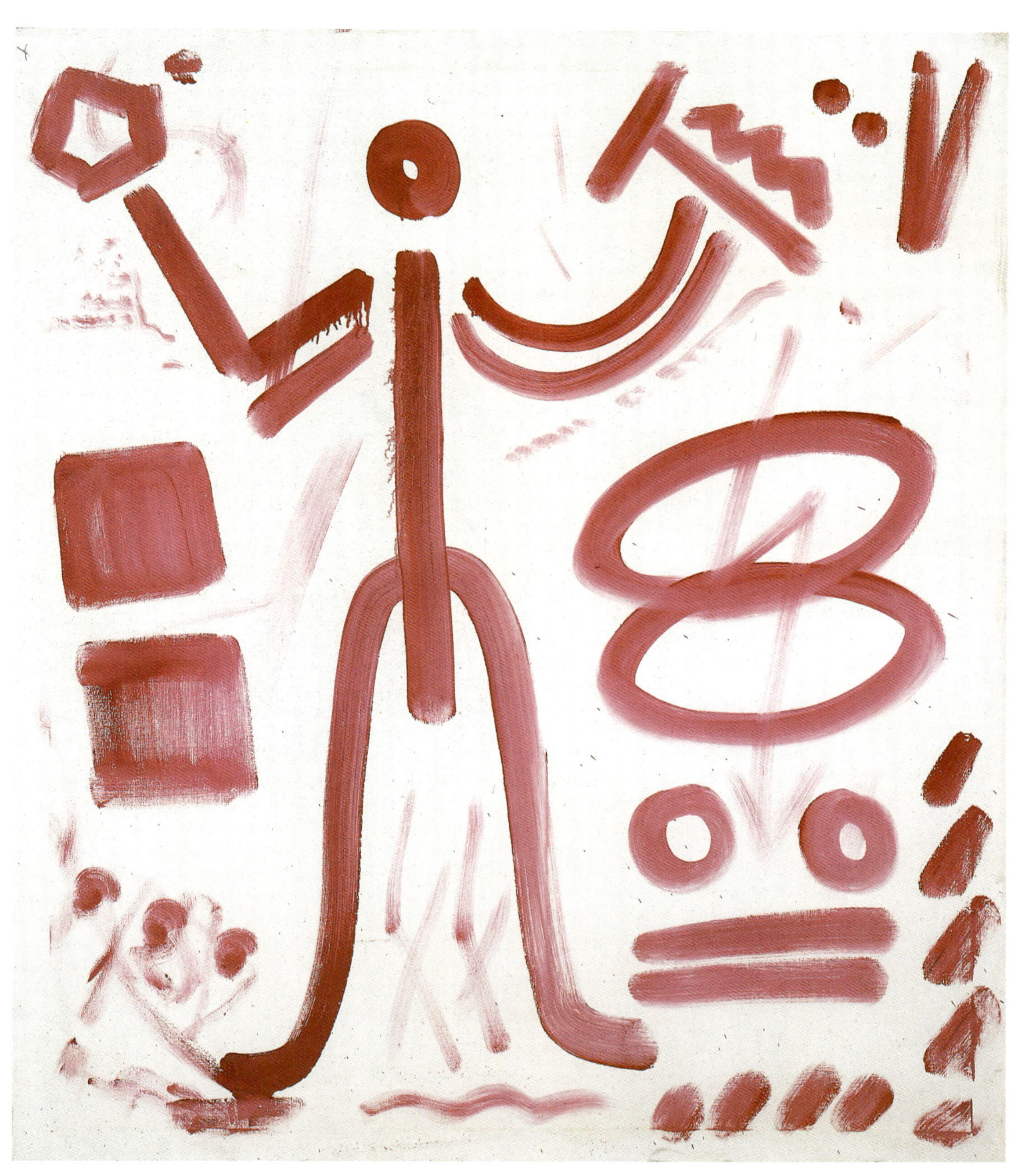

25
Harlekin
1979 130 x 115 cm

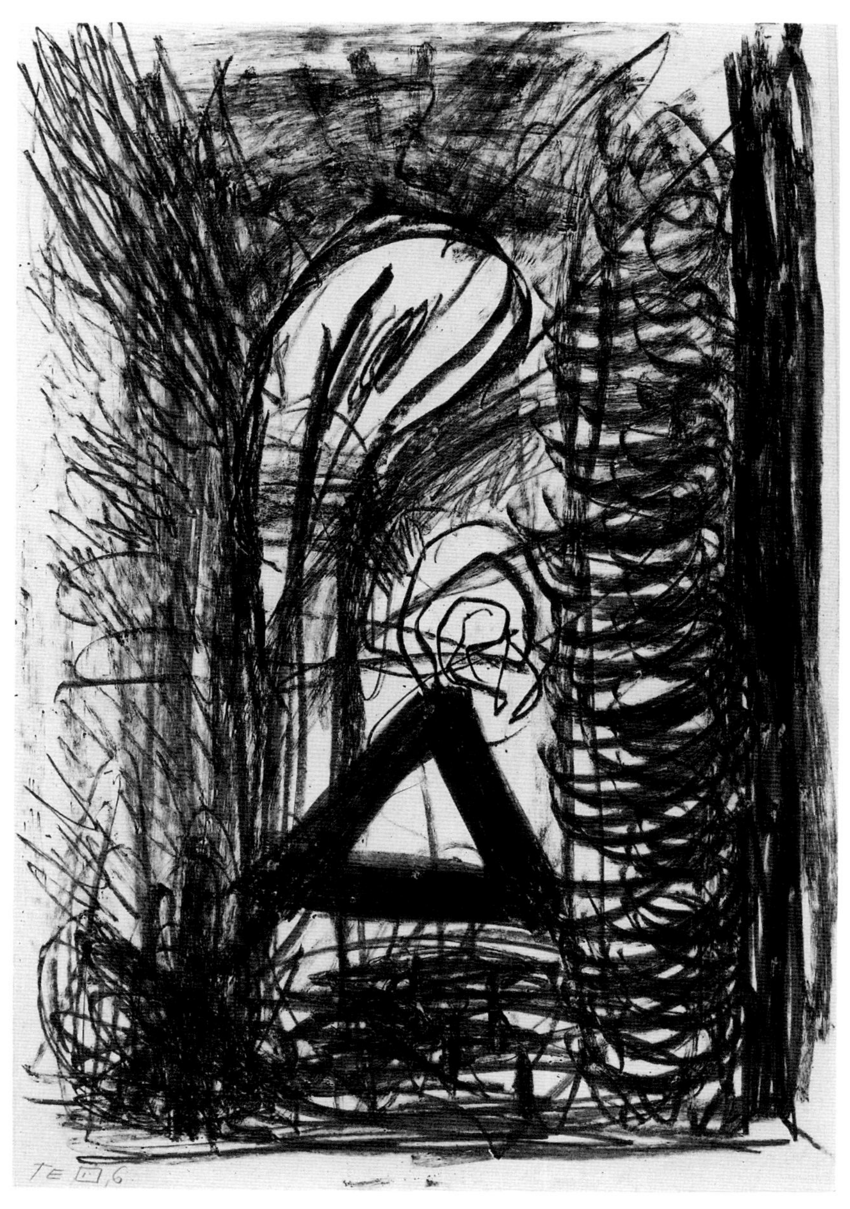

26
uit de serie / from the series
TE 1
1980 59,5 x 42 cm

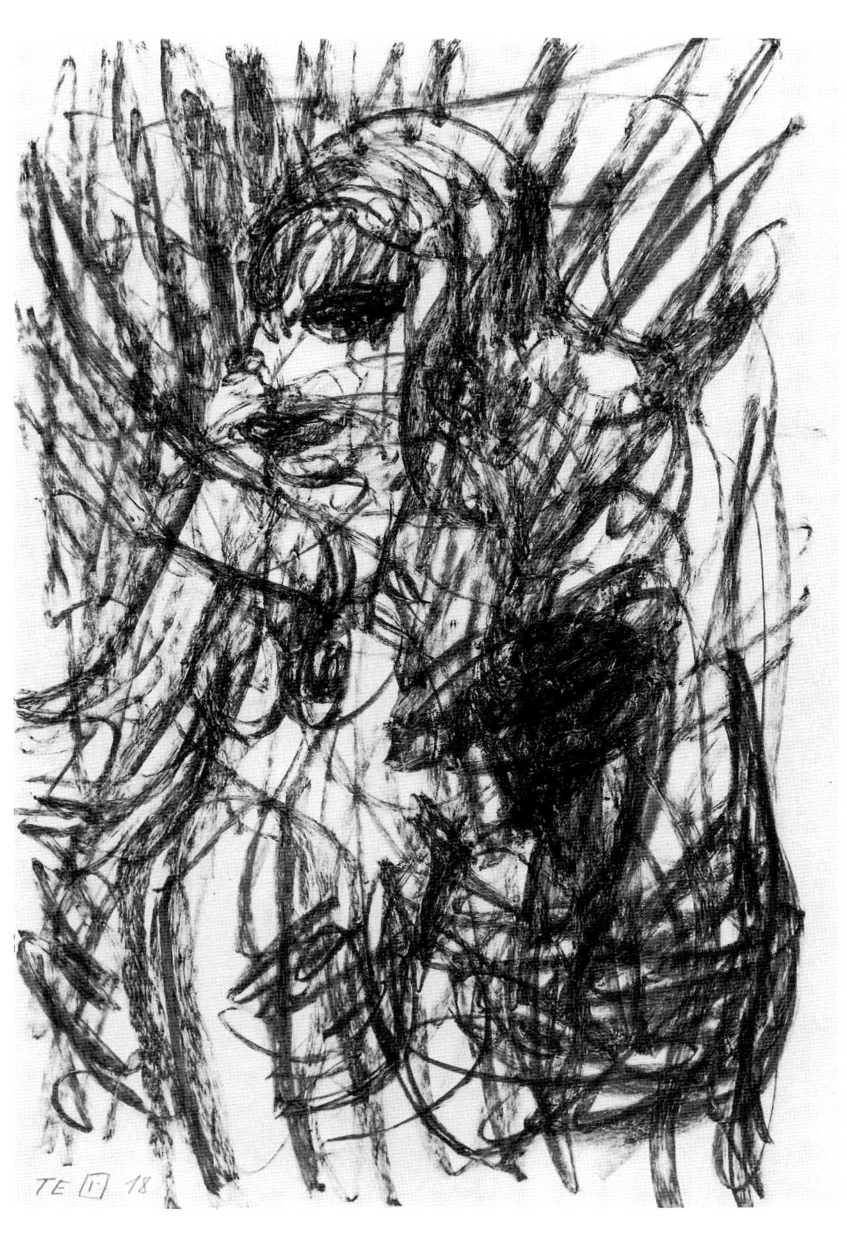

27
uit de serie / from the series
TE ☐
1980 59,5 x 42 cm

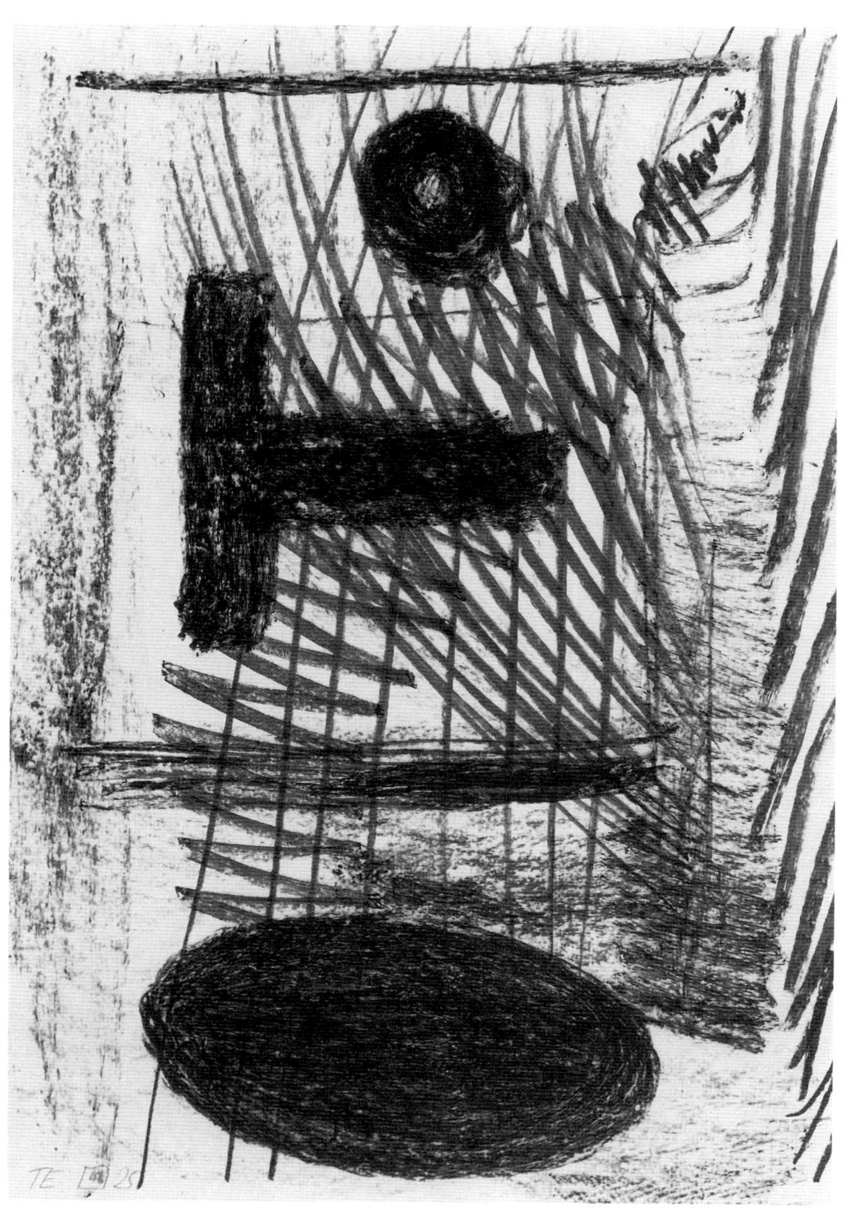

28
uit de serie / from the series
TE ☐1
1980 59,5 x 42 cm

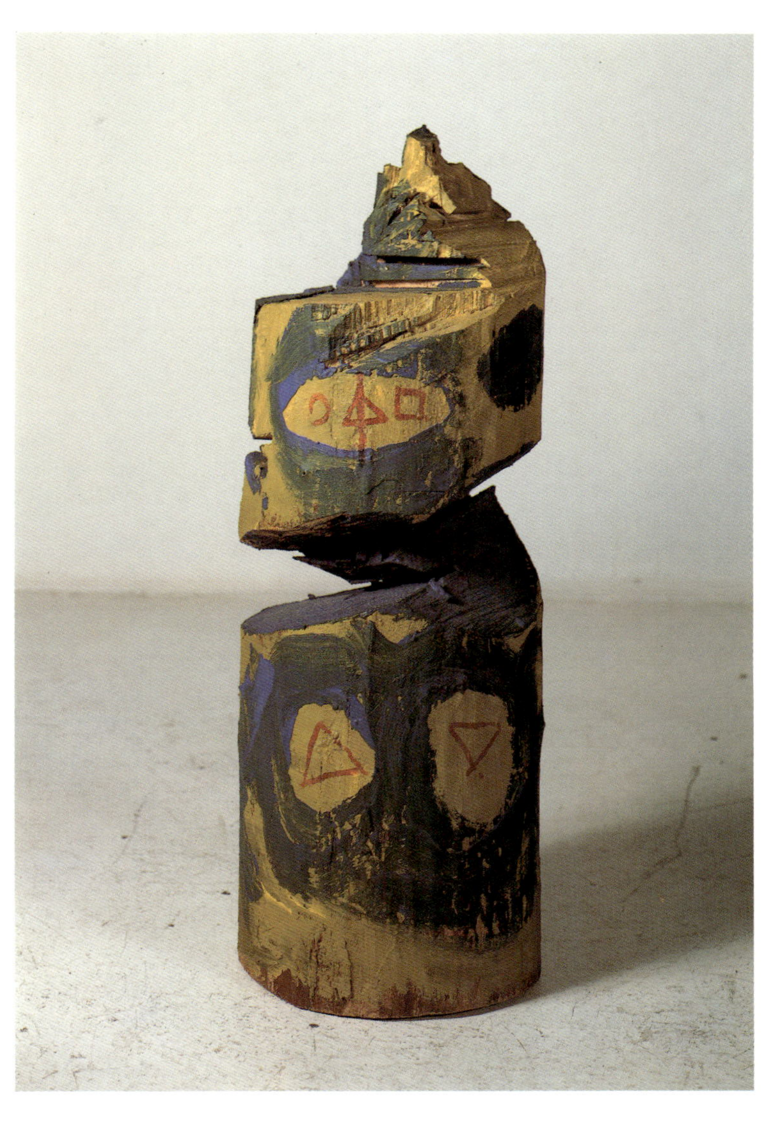

29
Der Geist von L
1980 82 x 28 x 24 cm

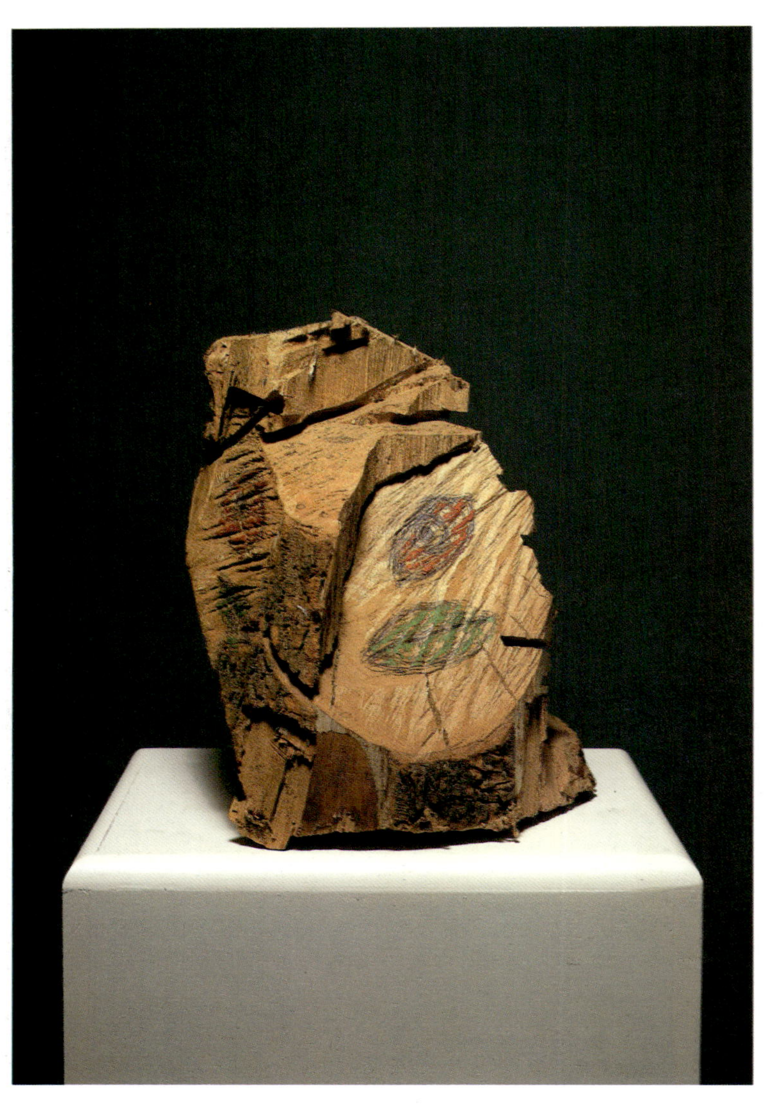

30
Frauenkopf (Belgisch)
1980 34 x 34 x 28 cm

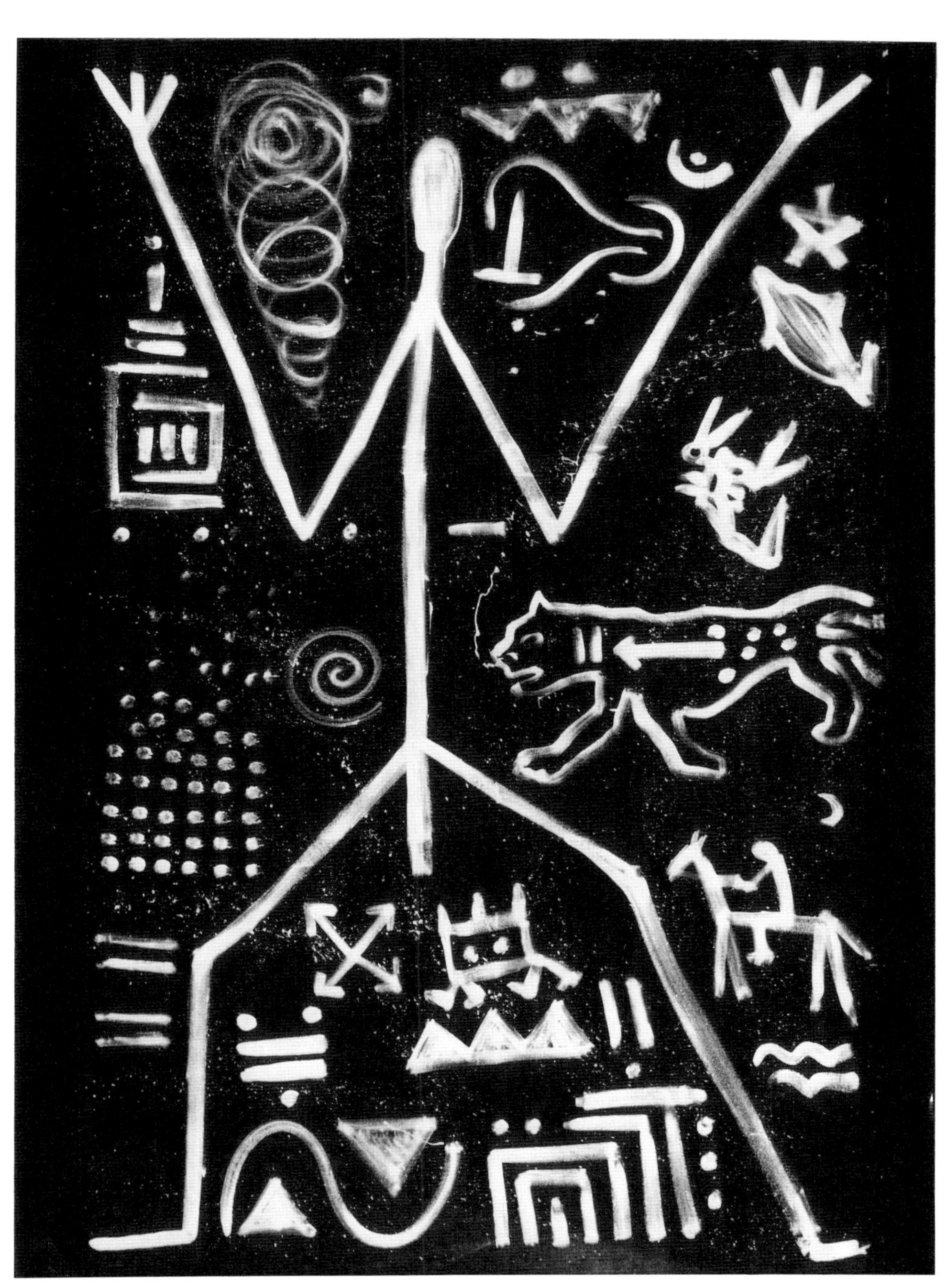

31
T2 (R)
1982 300 x 200 cm

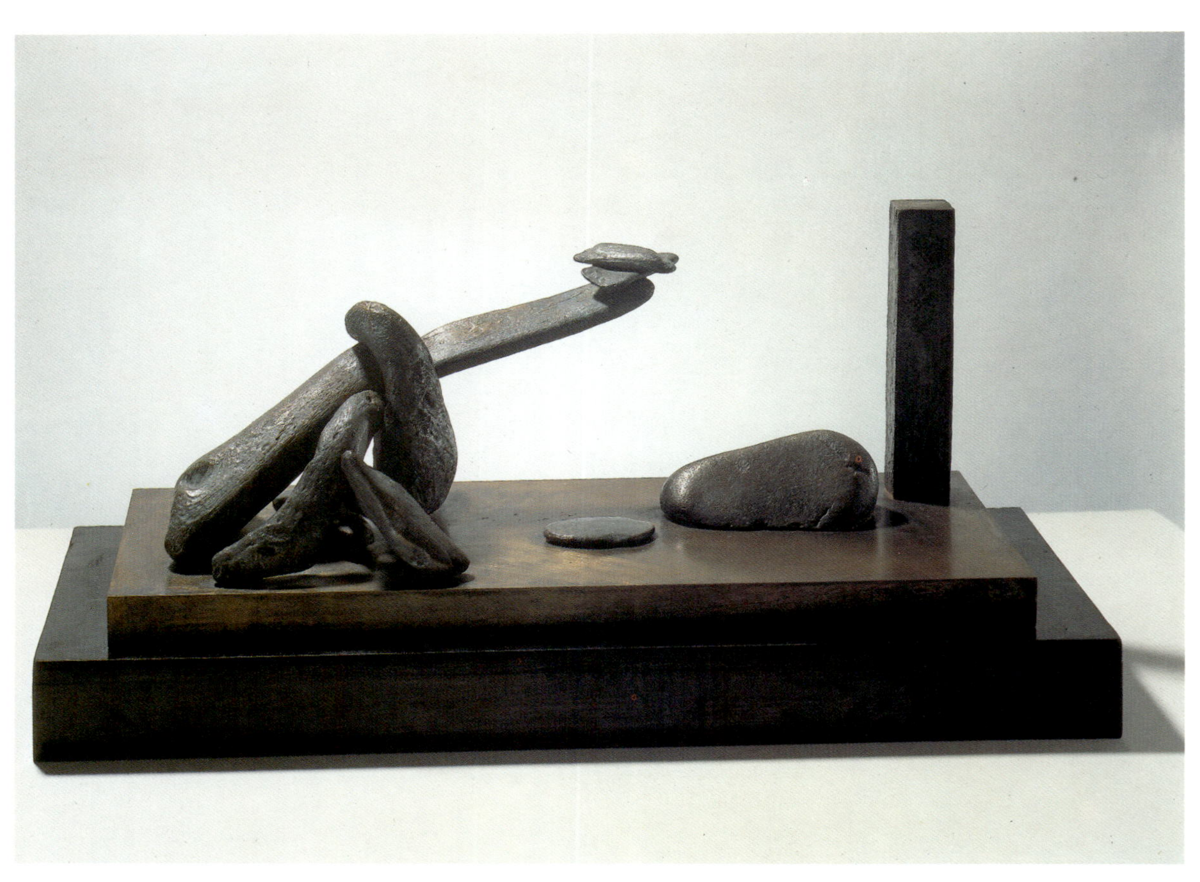

32
West Coast
1985 29 x 73,5 x 29,5 cm

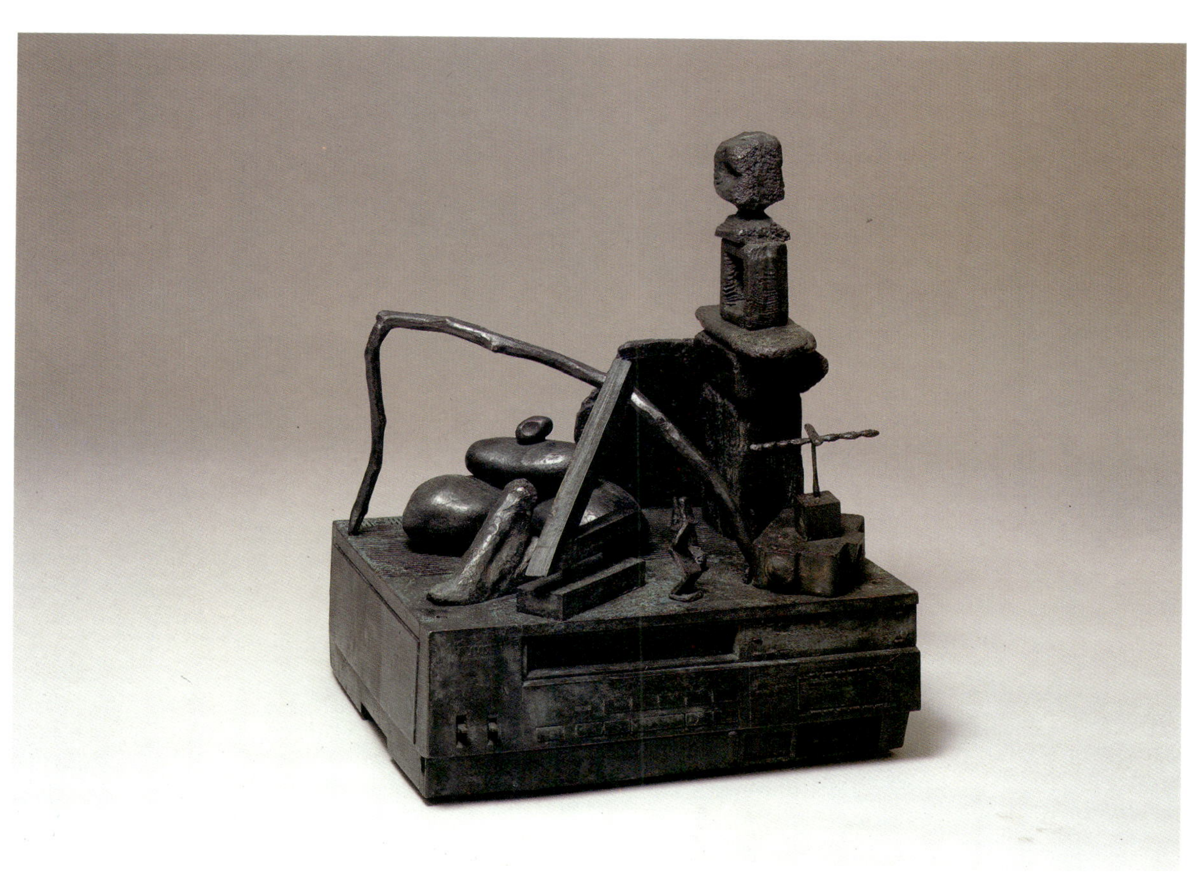

33
Denkmal für Tel Aviv
1985 53,5 x 45 x 37 cm

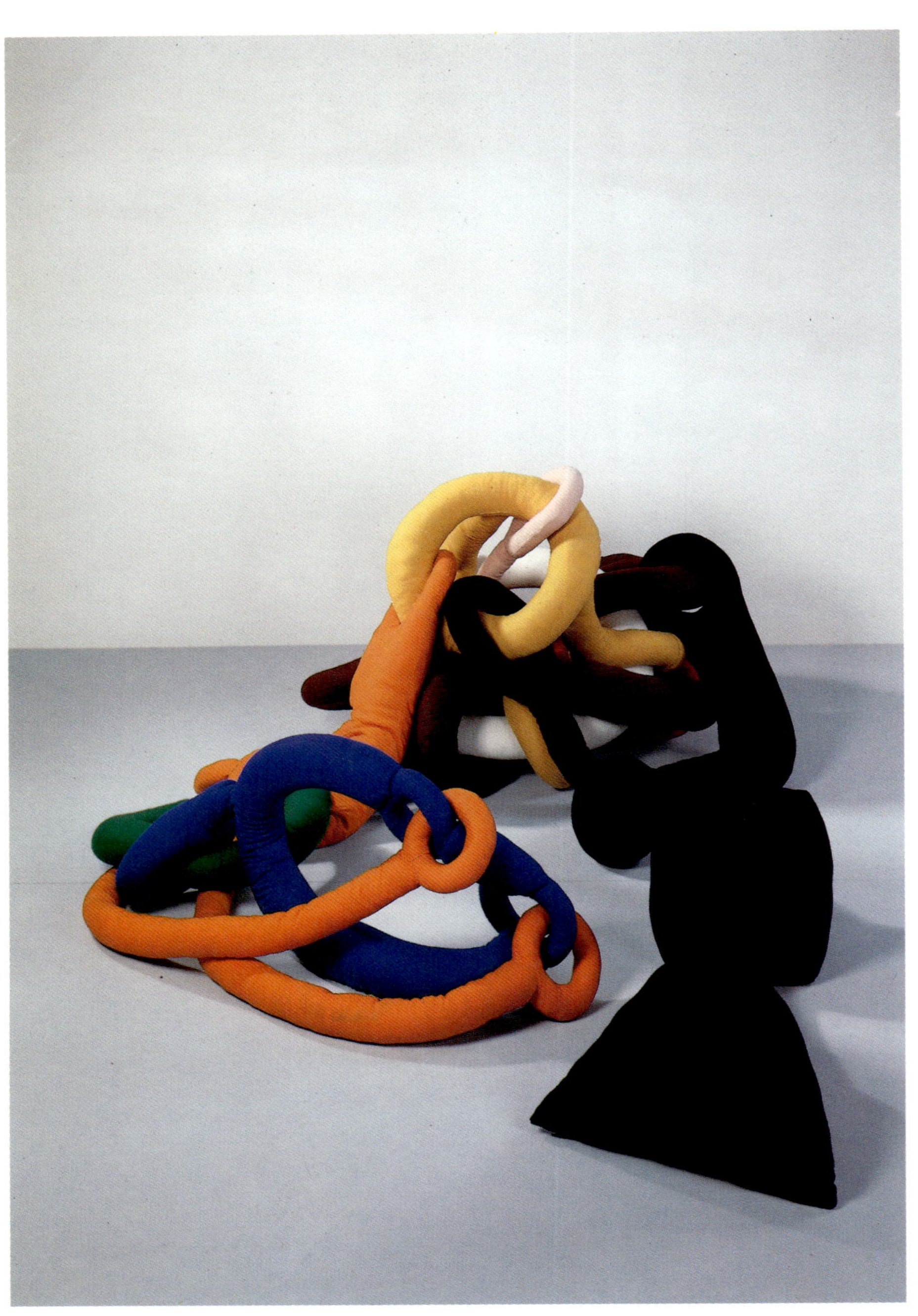

34
Morpholog
1986 80 x 400 x 300 cm

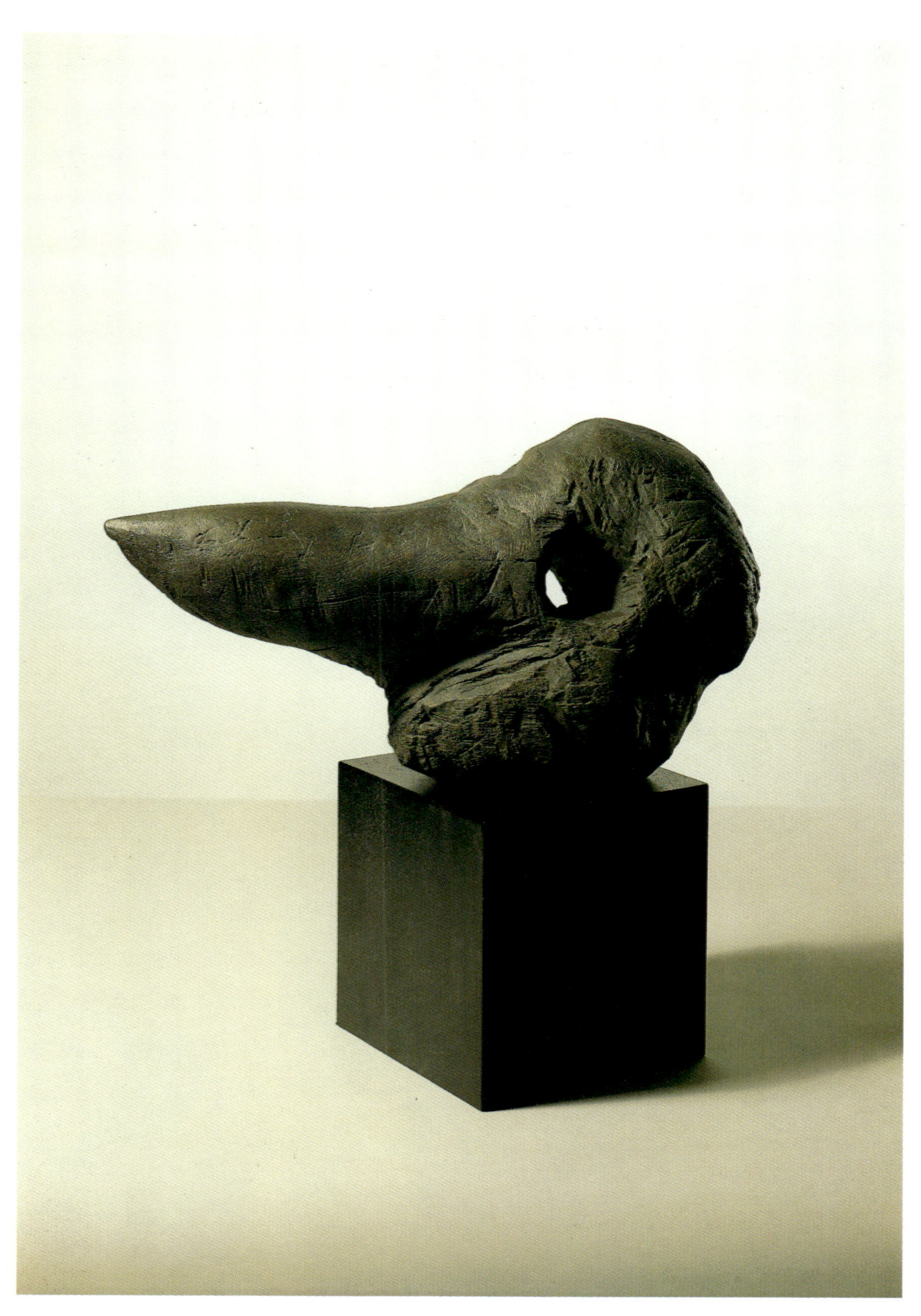

35
English Head
1987 35 x 63 x 27 cm

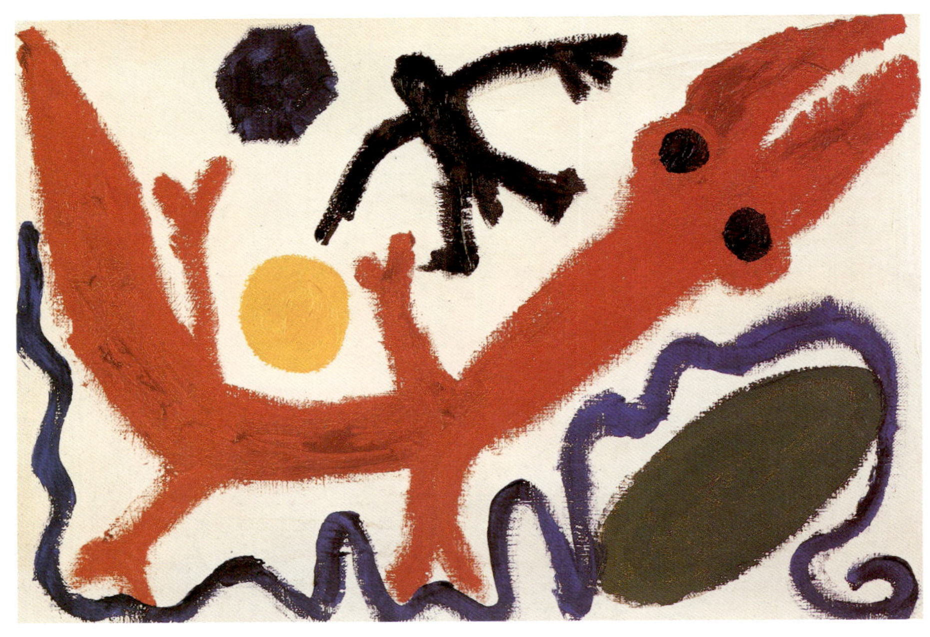

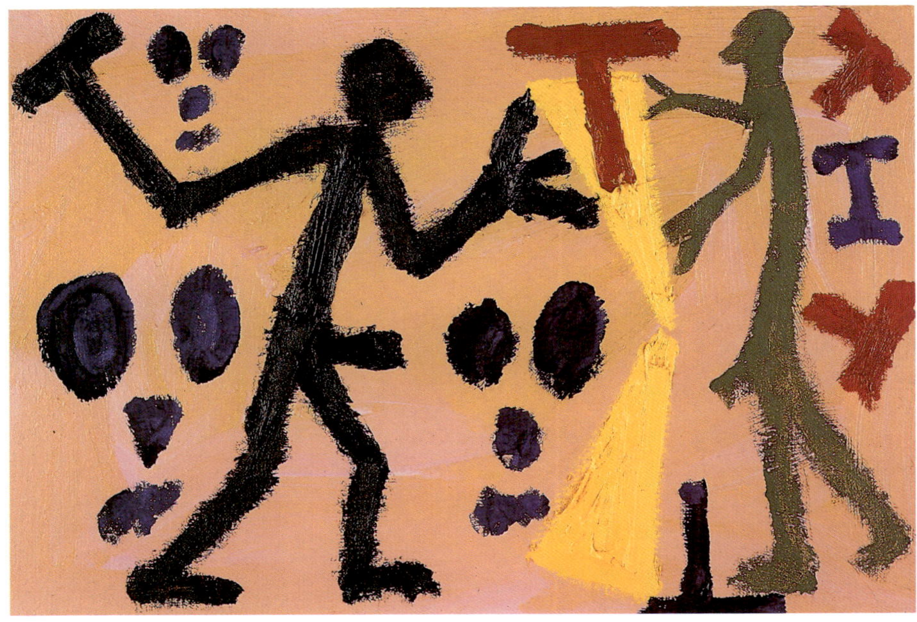

36
G.B. 1
1988 51 x 76 cm

37
G.B. 2
1988 51 x 76 cm

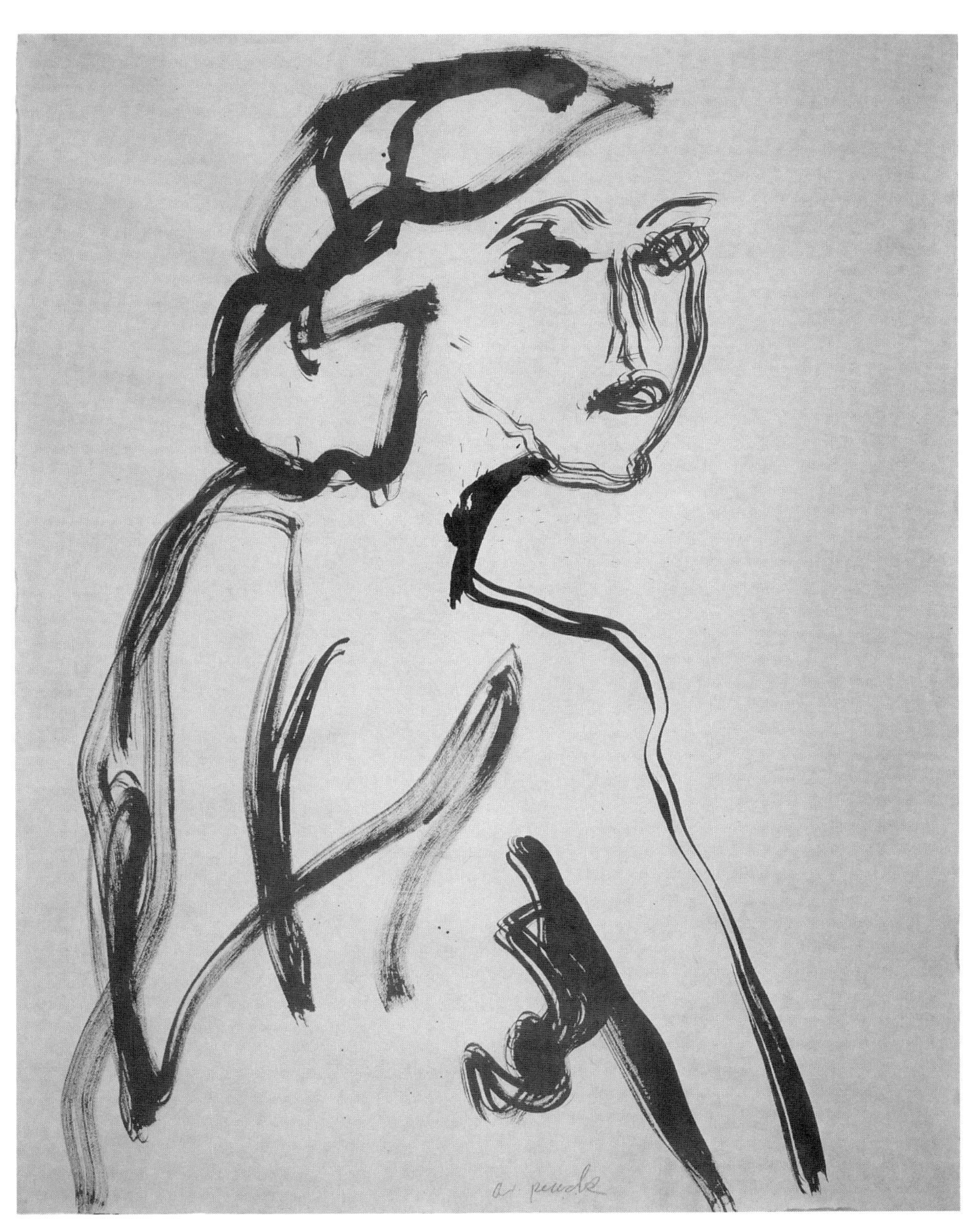

38
Ohne Titel
1989 106 x 84,5 cm

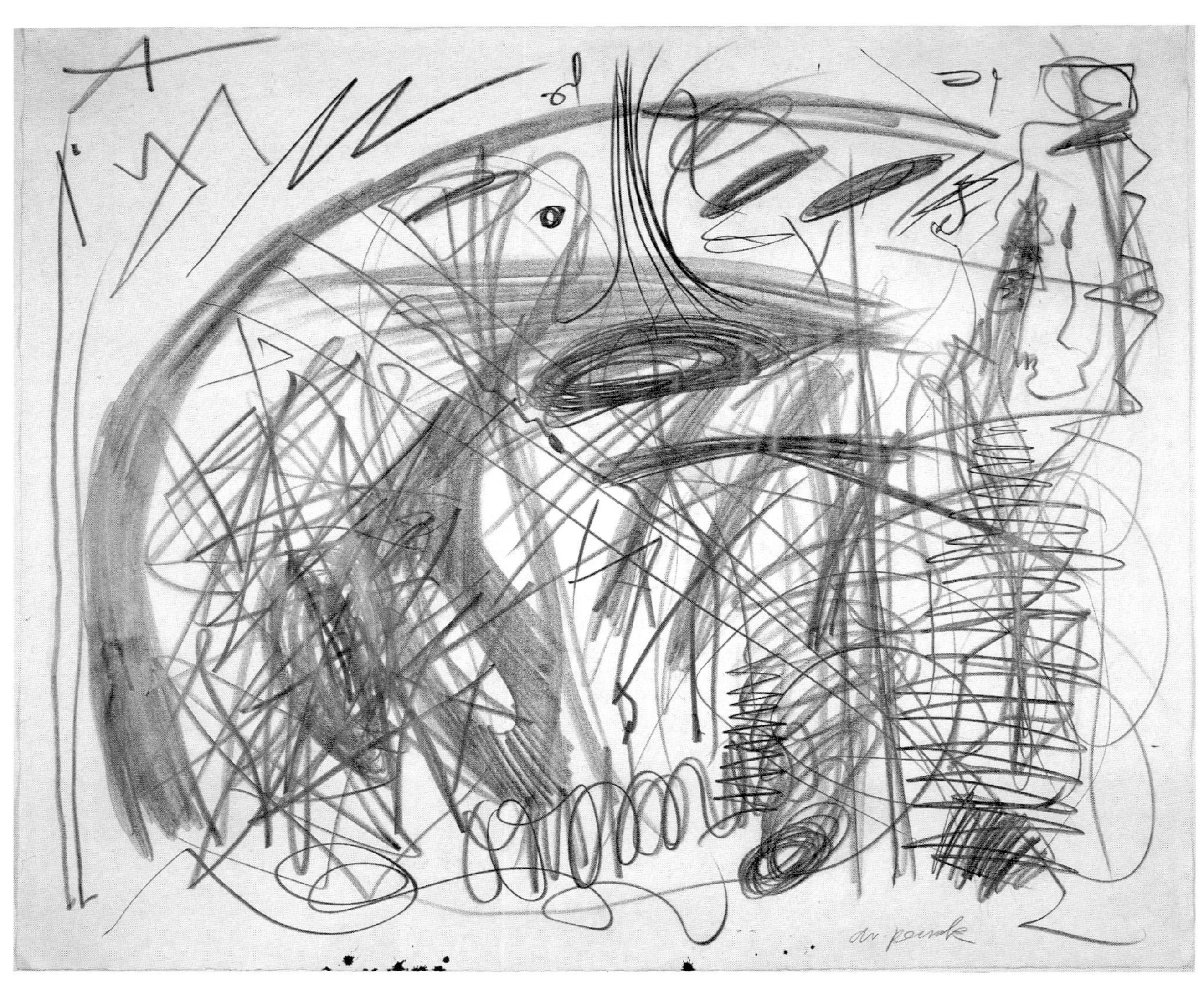

39
Ohne Titel
1989 84,5 x 106 cm

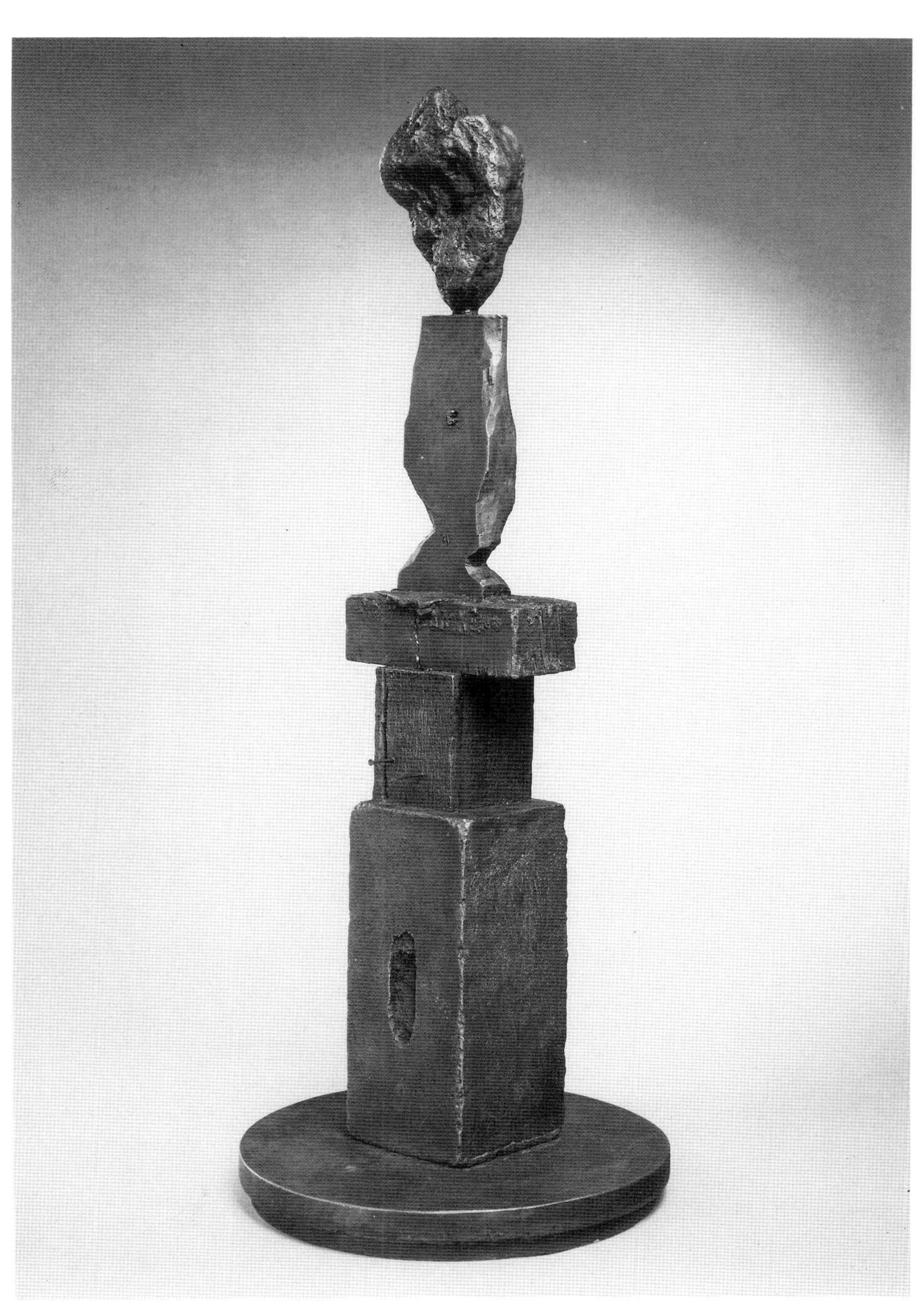

40
New York, New York
1990 78 x 30 x 30 cm

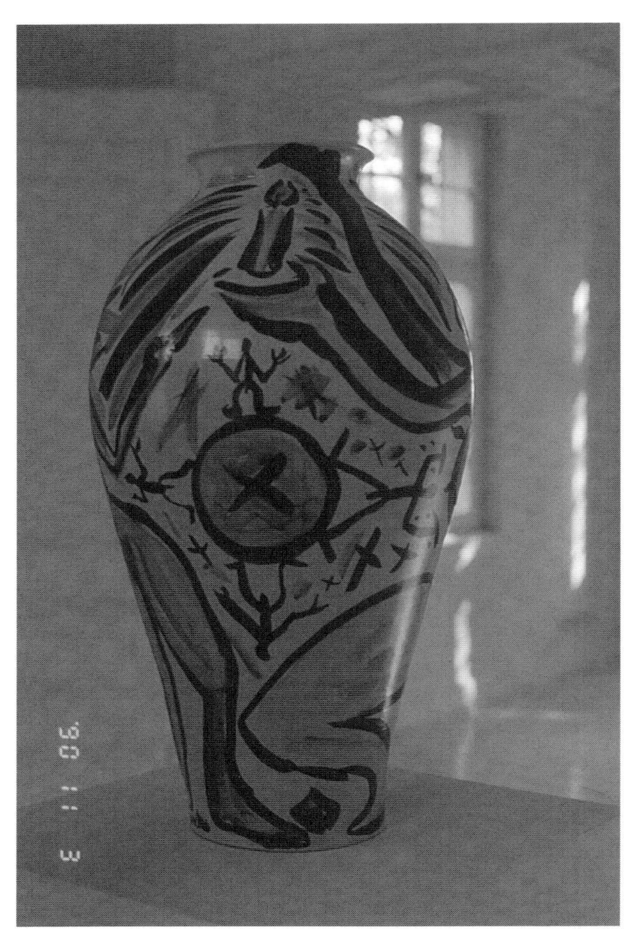 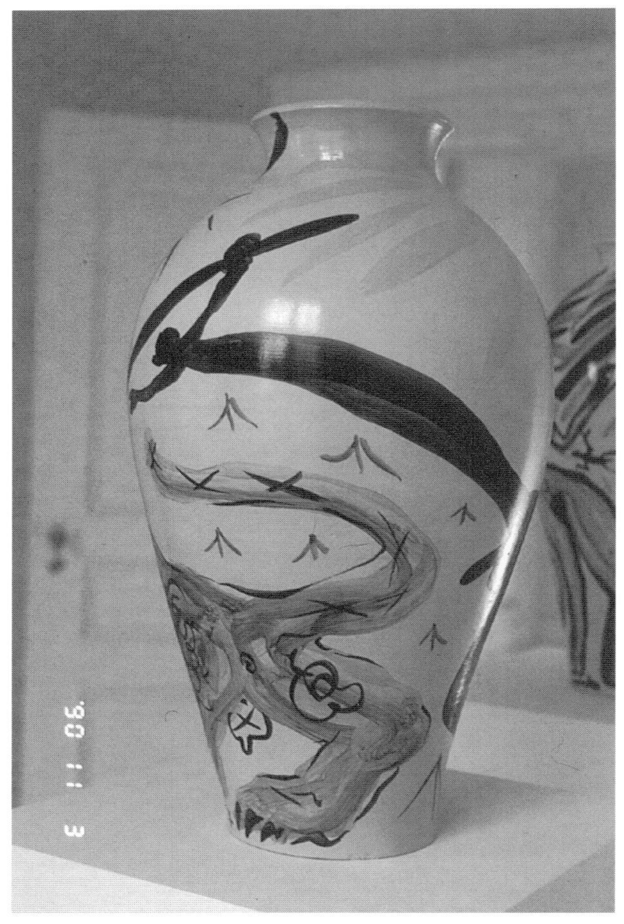

41
Frau
1990 51 cm hoog/high, Ø 26 cm

42
Mann
1990 52 cm hoog/high, Ø 30 cm

Publicaties van de kunstenaar /
Writings by the artist

Standard Making, München 1970
Was ist Standart, Köln/New York 1970
Ich. Standart-Literatur, Paris 1971
Standart-Deskriptive Einführung 1+2, Milano 1973
Europäische Sonette, Antwerpen 1974
Der Adler, in: Interfunktionen Nr. 11, Köln 1974
Ich über mich selbst, in: Kunstforum International,
Band 12, Mainz 1974/75
Macht und Geist. Analytische Studie zur Kunst im
politischen Kampf, Bruxelles 1975
Ich bin ein Buch, kaufe mich jetzt, Obertshausen 1976
Sanfte Theorie über Arsch, Asche und Vegetation,
Groningen 1979
Jörg Immendorff/A.R. Penck: 'Immendorff besucht y.
Deutschland mal Deutschland - Eind Deutsch-Deutscher
Vertrag, München 1979
Ralf Winkler: 'Kneipen und Kneipentexte', Dresden 1980
Ende im Osten: 98 Zeichnungen, Berlin 1981
Jörg Immendorff/A.R. Penck: Brandenburger Tor
Weltfrage, New York 1982
Standart, en begreppsintroduktion, in: Moderna Museet,
Nr. 1, 1983
a.r.penck Paris Graphik, München 1984
Krater und Wolke, 1-5, Galerie Michael Werner, Köln
1982-85
Welt des Adlers, Berlin 1985
Standart-Modelle 1973/74, Köln 1985
Standart. Nachdruck von zehn zusammenhängenden
Heften aus den Jahren 1971-73, Berlin 1985
ALLISONDONIOCK, in: Lo Spazio Umano, 1985
Mein Denken, Frankfurt 1986
Der verborgene Kampf, in: Parkett, Nr. 10, 1986
Köln, in: Tema Celeste, Nr. 9, 1986
Un flirt, in: Tema Celeste, Nr. 12/13, 1987
Für Sigmar Polke, in: SIGMAR POLKE. Zeichnungen
1963-1968, Galerie Michael Werner, Köln, 1983
Der Jimmy Hendrix der Plastiker, in: ZEITMAGAZIN,
Nr. 48, 1988
Allgemeine Untersuchung der Problematik der Situation
unter besonderer Berücksichtigung individueller und
ewiger Aspekte, in: Maler über
Malerei/Einblicke-Ausblicke, Köln, 1989
Reise durch Ireland/Reise durch Irrland, Berlin 1990
Analysis, Heidelberg, 1990
ICH, der Tourist, fast 7 Jahre, 7 JAHRE WEST, Bern 1990

Solotentoonstellingen (keuze) /
Selected One-man exhibitions

1969
Galerie Michael Werner, Köln

1971
Galerie Heiner Freidrich, München
Galerie Michael Werner, Köln
A.R.P. Zeichen als Verständigung, Museum Haus Lange,
Krefeld (cat.)

1972
A.R.P. Standart-Modelle, Galerie Michael Werner, Köln
Wide White Space Gallery, Antwerpen
Kunstmuseum Basel

1973
L'Uomo e l'Arte, Milano
Anna Leonowens Gallery, Nova Scotia College of Art &
Design, Halifax (cat.)
Städtische Galerie im Lenbachhaus, München (cat.)

1974
Galerie Michael Werner, Köln
Wide White Space Gallery, Antwerpen

1975
A.R.P. Mike Hammers Vermächtnis, Galerie Neuendorf,
Hamburg (cat.)
Penck Mal TM, Kunsthalle Bern/Stedelijk Van
Abbemuseum, Eindhoven (cat.)
Galerie Michael Werner, Köln

1977
Galerie Seriaal, Amsterdam
A.R.P. Bilder 1967-1977, Galerie Fred Jahn, München
(cat.)

1978
A.R.P. Zeichnungen bis 1975, Kunstmuseum Basel (cat.)
Kunstverein Mannheim
Museum Ludwig, Köln
Galerie Helen van der Meij, Amsterdam
Galerie Springer, Berlin
A.R.P. Vierzehnteilige Arbeit 1977, Galerie Fred Jahn,
München (cat.)
A.R.P. Der Begriff Modell. Erinnerungen an 1973, Galerie
Michael Werner, Köln (cat.)

1979
A.R.P. Rot-grün Grün-rot, Galerie Michael Werner, Köln
(cat.)
A.R.P. Konzept-Konzeptraum, Museum Boymans-van
Beuningen, Rotterdam (cat.)

1980
A.R.P. Zeichnungen und Aquarelle, Schloß Morsbroich,
Städtisches Museum Leverkusen (cat.)
Galerie Michael Werner, Köln

1981
Kunstmuseum Basel
Galerie Helen van der Meij, Amsterdam
A.R.P. Übergang, GEWAD, Gent (cat.)
a.y. (a.r.penck) 38 neue Bilder, Galerie Neuendorf,
Hamburg (cat.)
A.R.P. Gemälde und Handzeichnungen,
Josef-Haubrich-Kunsthalle, Köln (cat.)
a.y. (a.r.penck) T, Kunsthalle Bern (cat.)

1982
Galerie Michael Werner, Köln
Ileana Sonnabend Gallery, New York
a.y. (a.r. penck) à Paris, Galerie
Gillespie-Laage-Salomon, Paris (cat.)
A.R. Penck, Waddington Galleries, London (cat.)
A.R.P. 45 Zeichnungen-Bewußtseinsschichten,
Kunstmuseum Basel/Städtisches Kunstmuseum Bonn (cat.)

1983
Biennale Sao Paulo (cat.)
Galerie Lucio Amelio, Napoli
A.R.P. Skulpturen, 1979-1982, Galerie Michael Werner,
Köln (cat.)
Galerie Springer, Berlin (cat.)
Galerie Sabine Knust, München
A.R.P. Expedition to the Holy Land, The Tel Aviv Museum,
Tel Aviv (cat.)

1984
Mary Boone/Michael Werner Gallery, New York (cat.)
Galerie Maeght Lelong, Zürich (cat.)
Waddington Galleries, London (cat.)
*A.R.P. gravures de la collection du Cabinet des
Estampes, Genève,* Galerie Alma, Lyon (cat.)
A.R.P. Brown's Hotel and other works, The Tate Gallery,
London (cat.)
Biennale Venezia (cat.)
A.R.P. Recent Paintings, Akira Ikeda Gallery, Tokio (cat.)
A.R.P. Paris Graphic, Galerie Sabine Knust, München
(cat.)
A.R.P. Männer, Galerie Michael Werner, Köln (cat.)

1985
Galerie Neuendorf, Hamburg (cat.)
Musée d'Art et d'Industrie, St. Etienne (cat.)
Arnolfini Gallery, Bristol
Galerie Michael Werner, Köln (cat.)
Mike Hammer-Konsequenzen, Städtisches Museum
Abteiberg, Mönchengladbach (cat.)
Mary Boone/Michael Werner Gallery, New York
A.R.P. Gouachen und Zeichnungen, Galerie Herbert
Meyer-Ellinger, Frankfurt (cat.)

1985/86
A.R.P. 1 Bild und 70 Skulpturen, Neue Galerie -
Sammlung Ludwig, Aachen
A.R.P. Das graphische Oeuvre, Kunstverein Braunschweig
(cat.)

1986
Deweer Art Gallery, Zwevegem-Otegem (cat.)
Galerie Christian Stein, Milano
A.R.P. Graphik Ost/West, Galerie Maeght Lelong, Zürich
*Ralf Winkler (a.r. penck) 100 frühe Zeichnungen
(1956-1964),* Galerie und Edition Stähli, Zürich (cat.)
A.R.P. Sculptures, Galerie Maeght Lelong, Zürich (cat.)
A.R.P. Sculptures in Bronze, Waddington Galleries,
London (cat.)
A.R.P. dessins et gravures du Kupferstichkabinett de Bâle,
Cabinet des Estampes, Genève (cat.)
A.R.P. Plastische Ideen 1980-1986, Galerie Michael
Werner, Köln (cat.)

1986/87
*A.R.P. Selbstbildnisse, Galerie, Familie, Papst in Polen,
London,* daadgalerie, Berlin (cat.)

1987
A.R.P. The Northern Darkness, Orchard Gallery,
Londonderry (cat.)
A.R.P. Sculptures, Galerie Lelong, Paris (cat.)
A.R.P. Übergang: Tuschpinselzeichnungen 1981, Galerie
Michael Werner, Köln
A.R.P. Graphik, Galerie Chobot, Wien (cat.)
Galerie Jule Kewenig, Frechen-Bachem (cat.)
A.R.P. Skulpturen und Zeichnungen 1985-1987, Galerie
Thaddaeus Ropac, Salzburg (cat.)
A.R.P. Malerei - Skulptur - Zeichnung, Galerie Schurr,
Stuttgart

1988
A.R.P. Wolokolamsker Chaussee IV/V, Galerie Springer,
Berlin (cat.)
a.r. penck, Nationalgalerie, Berlin/Kunsthaus, Zürich (cat.)
A.R.P. Der Begriff Modell (2), Galerie Michael Werner,
Köln (cat.)
A.R.P. Skulpturen und Zeichnungen 1971-1987,
Kestner-Gesellschaft, Hannover (cat.)
A.R.P. Holzschnitte 1966-1987, Gerhard Marx-Haus,
Bremen (cat.)
*A.R.P. Vor dem Übergang. Frühe Arbeiten aus
deutsch/deutschen Privatsammlungen,* Galerie Frank
Hänel, Frankfurt a.M., (cat.)
A.R.P. Modelle und Arbeiten auf Papier, Galerie Lelong,
Zürich (cat.)
Tekeningen: A.R. Penck, Haags Gemeentemuseum, Den
Haag (cat.)

1989
future of the soldiers, Galerie Michael Werner, Köln (cat.)
A.R.P. Venice Paintings, Fred Hoffman Gallery, Los
Angeles (cat.)
Mary Boone Gallery, New York (cat.)
A.R.P. Work from 20 years, Galerie Beyeler, Basel (cat.)
A.R.Penck, Magasin 3, Konsthall Stockholm (cat.)
A.R.P. Übermalungen 1974/75, Galerie Frank Hänel,
Frankfurt (cat.)
A.R.P. Keramik, Galerie Rudolf Springer, Berlin/Droysen
Keramikgalerie, Berlin (cat.)

1990
A.R.P. Editionen 1989, Maximilian Verlag - Sabine Knust,
München (cat.)
A.R.P. Arbeiten 1988-1990 und Notizbücher 1961-1990,
Galerie Monika Sprüth, Köln (cat.)
A.R.P. Das Jahr 1989, Galerie Michael Werner, Köln
(cat.)
A.R.P. Standart Weapons - Standart Models, Michael
Werner Gallery, New York (cat.)
A.R.P. Skulpturen, Galerie Michael Haas, Berlin (cat.)
A.R.P. Skulpturen und Zeichnungen, Kunsthalle Bielefeld,
Bielefeld
Penck incontra Roma, Cleto Polcina, Roma (cat.)
A.R. Penck Opere, Sei del Carmine, Milano
A.R.P. opere recenti, Galleria in Arco, Torino (cat.)

Colofon / Colophon

Organisatie tentoonstelling en redactie catalogus /
Exhibition organized and catalogue edited by:
Elbrig de Groot, Karel Schampers

Vormgeving catalogus / Catalogue designed by:
8vo, London

Voorbereiding kopij / Preparation copy:
Marion Busch

Vertaling / Translation:
Yvette Rosenberg

Foto's / Photographs:
Paul Cox, Tom Haartsen, Joke van der Heyden

Druk / Printing:
Snoeck-Ducaju & Zoon, Gent

Litho's / Lithographs:
Daiichi Process PTE Ltd.

Oplage / Edition:
1250

Productiebegeleiding catalogus /
Production assistance catalogue:
J.J. van Cappellen, Museum Boymans-van Beuningen
Rotterdam

Uitgever / Publisher:
Museum Boymans-van Beuningen Rotterdam

ISBN:
90-6918-072-3

Bijzondere begunstigers van Museum Boymans-van
Beuningen / Corporate members of the Boymans-van
Beuningen Museum

Amro Bank
CHEMGAS BV
CALDIC
Internatio-Müller NV
DURA BOUW B.V.
CROON elektrotechniek
Hudig-Langeveldt
Koninklijke Nedlloyd Groep N.V.
Unilever
VIB N.V. Vastgoedbeleggingsmaatschappij
Furness nv
Loyens & Volkmaars
Econosto N.V.
ICI Holland BV
Stad Rotterdam Verzekeringen
Pakhoed Holding NV
Bank Mees & Hope
Gimbrère & Dohmen Software B.V.
Hollandsche Beton Maatschappij bv
Credit Lyonnais Bank Nederland N.V.
Moret Ernst & Young
Twijnstra Gudde nv
Nauta Dutilh
ABN Bank
Architektenburo Visser en Beerman B.V.
Center Parcs
Siemens Nederland N.V.
PTT Telecom District Rotterdam
Bakker Beheer Barendrecht BV